消費者の心理をさぐる

人間の認知から考えるマーケティング

日本心理学会 監修
米田英嗣・和田裕一 編

日本心理学会 心理学叢書

誠信書房

日本心理学会 心理学叢書

心理学叢書刊行にあたって

日本心理学会では、二〇一一年の公益社団法人化を契機として、公開シンポジウムの実施を拡充してまいりました。現在は、次の三つのシリーズを企画し、全国各地で公開シンポジウムを開催するに至っています。

・教育や医療、司法等の現場における心理学の貢献を紹介する「社会のための心理学シリーズ」
・心理学の科学としての側面を中心に紹介する「科学としての心理学シリーズ」
・高校生や教員の方を対象として、様々な分野の心理学を紹介する「高校生のための心理学講座」

いずれのシンポジウムも大変なご好評を頂いており、参加できなかった方々からも、講演の内容を知ることができないか、といったご要望を数多く頂戴しています。そうした声にお応えして、二〇一四年から心理学叢書を上梓することとなりました。本叢書は、シンポジウムでお話しした内容をさらに充実させ、わかりやすくご紹介することを目的として、刊行されるものです。

編者や執筆者の方々はもちろんのこと、シンポジウムの企画・運営にお骨折り頂いた教育研究委員会、とりわけ、講演・出版等企画小委員会の皆様に厚く感謝申し上げます。

二〇二〇年八月吉日

公益社団法人日本心理学会

理事長　坂上貴之

編者はじめに――マーケティングに貢献する心理学

私たちは日常で何げなく物を買っていますが、その購買行動は非常に複雑なプロセスから成り立っています。皆さんは、自分が買うものを選ぶ際には、それが好きだから自らの意志で選んで買っていると考えていらっしゃるかもしれません。ところが、その「好き」という程度が、テレビのコマーシャルなどで繰り返し放映されることで、他の人によって作られているとしたら、どうでしょうか。こうした何度も何度も繰り返し呈示される刺激に対して好ましさが増加するという心の働きを、「単純接触効果[1]」と言います（本書第2章）。お店に行って物を買う際にも、私たちは何げなく商品を手に取っているように思えます。ところが、お店で手に取る商品も、店員さんによって決められている可能性があります。つまり、お店で商品を並べる際にも、ランダムに並べるのではなく、人間の感覚特性に基づいて陳列することで、物を買うという行動を増加させることができるのです（本書第1章、第3章）。

テレビやYouTubeなどのコマーシャルには、ドラマのような続き物あるいはシリーズ物のように、それ自体が物語としての構造を持っているものがあります。こうしたタイプのコマーシャルには、どのような効果があるのでしょうか。私たちが小説や映画などの物語に触れる際に、物語の世界に入り込むことによって、物語に登場する人物やその世界観から影響を受けることがあります。その結果、物語を読んだり見たりした後では、私たちの態度や行動が変化することもあるのです（本書第4章、第5章）。そのメカニズムを解明する候補の一つとして、物語世界に自己の記憶を重ね合わせる「ナラティブ・プロジェクション」が考えられます（本書第6章)。以上は物語を味わう、体験する側の心理ですが、物語や映画を作る側の心理も、人間の認知からマーケティングを考えるうえで非常に重要です(本書第7章)。

以上の疑問に、本書では答えようとしています。本書は、Ⅱ部構成からなっています。第Ⅰ部は、マーケティングの基礎科学について扱っています。第1章「マーケティングを理解する――消費者行動と感覚マーケティング」では、マーケティングの考え方が広い視点から概説されています。人間の感覚特性を考慮に入れた「感覚マーケティング」の研究についても、基礎から詳しく述べられています。第2章「広告効果を上げる認知心理学」では、豊富な認知心理学実験に基づいて、広告の効果が実証的に検討されています。特に、刺激を繰り返し呈示することによってその刺激に対する好意度が上昇する「単純接触効果」の研究について、最先端の研究が紹介されています。第3章「視線・脳機能計測による消費者行動研究」では、近年注目を浴びている脳科学に基づいた消費者行動研究である「ニューロマーケティング」ないしは「消費者神経科学」と呼ばれる学問領域についての研究が、分かりやすく展望されています。第Ⅰ部を読むことで、心理学実験がマーケティング分野にどのように貢献しているかについての明確な理解が得られるでしょう。

第Ⅱ部は、物語に関連したマーケティング、すなわち「物語マーケティング」[2]の研究事例を紹介しています。第4章「物語説得における認知・感情反応――物語はいかにして消費者に訴えかけるのか、そのメカニズムにせまる」では、物語が消費者にいかなる影響を及ぼすかについて、どのように物語に入り込むか(物語移入)に着目しながら、物語を用いて他者の態度や行動に働きかける物語説得について説明されています。第5章「物語の情報処理――物語をどのようにマーケティングに応用できるのか」では、情報処理の枠組みに基づいて、物語広告についての研究が詳細に検討されています。広告効果を向上させるのは、情報処理の過程で生じるポジティブな感情の生起と、批判的思考の抑制の二つが関わっていることが明快に述べられています。第6章「物語を用いた消費者行動――ナラティブ・プロジェクションに基づく検討」では、自己の表象(心に思い描くイメージ）を他者あるいは外界に対して映し出し，他者あるいは外界からフィードバックを受けて自己の表象が更新されると考える「プロジェクション[3]」の考えを基盤とした，「ナラティブ・プロジェクション」という理論が提案されています。さらに，ナラティブ・プロジェクションに基づいて，物語を用いた消費者行動についての新たな研究枠組みが展開されています。第7章「映画製作のクリエイティブマーケティング」では，『ちはやふる——上の句／下の句[4]』などでよく知られる日本を代表する映画監督によって，物語を産み出す側の視点から論じられたマーケティングについて語られています。視聴者の知識構造や共感などの感情状態について考えながら映画を製作するなど，映画を製作する際の方法論が，心理学の方法論と親和性が高いことに驚かされます。心理学の研究者のみならず，心理学関連の科目を教えている研究者の方々，これから勉強したいと思っている高校生の皆さん，心理学や映画に興味があるすべての人に読んでいただきたいと思っています。

本書は，主に心理学から見たマーケティング研究の専門書であり，マーケティングと広告の研究を網羅しているわけではありません。また，本書は，マーケティング研究者が中心になって書かれた本とは視点が異なることが考えられます。マーケティングの研究を広く展望する場合は，たとえば，海保・杉本[5]などの書籍が参考になります。マーケティング研究者によるマーケティングの入門書としては，久保田ら[6]などをご参照いただければと思います。

最後になりますが，本書は，公益社団法人日本心理学会が主催しました「公開シンポジウム　科学としての心理学シリーズ」の中の，「消費者の心理をさぐる」（企画　米田英嗣・和田裕一）が母体となっています。「消費者の心理をさぐる」でご登壇いただいた四人の先生方に執筆していただきました（第1章，2章，3章，6章）。さらに，編者が執筆を依頼した三人の先生方にご快諾いただき（第4章，5章，7章），本書の構成ができあがりました。執筆いただいた先生方には，最先端の研究や，普段聞くことのできない貴重な事例を，とてもわかりやすく執筆してもらいました。シンポジウムでご登壇いただいたすべての先生方のご講演，ご来場いただいた聴衆のご意見およびご質問によって、本書の企画が実現に至りました。心よりお礼を申し上げます。

私たちの誰もが行っている購買行動ですが、その心理メカニズムはまだよくわかっていない点が多く残されています。この研究分野はとてもエキサイティングでありながら、さらなる多くの研究知見の蓄積が必要とされる研究分野だと思います。本書が、多くの優れた研究を産み出すきっかけとなりましたら、編者にとってこれほど嬉しいことはありません。

編者　米田英嗣・和田裕一

【引用文献】

（1）Zajonc, R. B. (1968) Attitudinal effects of mere exposure. *Journal of Personality and Social Psychology Monograph*, 9, 1-27.
（2）福田敏彦（1990）『物語マーケティング』竹内書店新社
（3）鈴木宏昭（2019）「プロジェクション科学の目指すもの」『認知科学』二六巻、五二―七一頁
（4）小泉徳宏（2016）『ちはやふる――上の句／下の句』
（5）海保博之監修、杉本徹雄編（2013）『朝倉実践心理学講座2　マーケティングと広告の心理学』朝倉書店
（6）久保田進彦・澁谷覚・須永努（2013）『はじめてのマーケティング』有斐閣

【参考文献】

Hubert, M. & Kenning, P. (2008) A current overview of consumer neuroscience. *Journal of Consumer Behaviour*, **7**(4-5), 272-292.

目次

第4章 物語説得における認知・感情反応——物語はいかにして消費者に訴えかけるのか、そのメカニズムにせまる 76

第1章 マーケティングを理解する
——消費者行動と感覚マーケティング

【須永 努】

1 マーケティングに関する二つの誤解

皆さんはマーケティングと聞いて、何を思い浮かべますか。もっと核心に迫って、「マーケティングとは何か」と問われたら、何と答えますか。おそらく多くの読者が、言葉に詰まってしまうのではないでしょうか。それも無理はありません。なぜなら、マーケティングの専門家であっても、この問いへ簡潔に分かりやすく答えるのは、意外と難しいからです。まして、本書の主たる読者層は一般の方々であり、そこには高校生も含まれています。つまり、今、本書を手に取っているあなたは、少なくともマーケティングの専門家でない限り、答えに窮してしまうのは当然です。

一般の人々はマーケティングに対して、どのようなイメージを有しているでしょうか。私は大学の商学部で教員をしていますが、マーケティングは学生から人気のある科目の一つです。私が勤めている大学では、三年生からゼミナールといって、少人数で専門的な研究をする科目が始まりますが、毎年多くの学生がマーケティングのゼミナールを志望します。そのように学生が興味を抱く理由の一つに、マーケティングが自分たちを含む一消費者と直接関わりのある、身近なテーマだということがあるのではないでしょうか。読者の皆さんも、マーケティングに対して何らかのイメージを抱いており、なんとなく身近なものであると感じているからこそ、本書に関心を持ち、手に取ってみたのではないでしょうか。

では、なぜ私たちがマーケティングをそれほど身近に感じるのかというと、私たち自身が、消費者としてマーケティングの当事者になっているからです。その一方で、マーケティングについてどれほど詳細に知っているかというと、あまり多くの情報を持ち合わせてはいないのが普通です。たとえば、マーケティングと聞いて、テレビＣＭなどの広告くらいしか思い浮かべるものがない人もいるかもしれません。あるいは、本書のテーマである「心理学」を活用し、「消費者心理」を読んでお客さんに商品を買ってもらうこと、といった漠然とした理解にとどまる人も多いでしょう。

これらのイメージや理解は、けっして間違っているわけではありません。しかし、そこで少し立ち止まって考えてみてください。丁寧な言い方をしているので気づかずにスルーしてしまいそうですが、ここには見過ごせない問題がありそうです。この理解が正しいとすれば、マーケティングは「消費者を操って自社商品を買わせること」とも言えてしまうのではないでしょうか。

実をいうと、マーケティングに対してこのような否定的な見方をする人は、少なくありません。そのような立場の人たちからすると、マーケターは消費者を金儲けの対象としか見ていない「悪い奴ら」なのです。しかし、このような見方は間違っています。マーケティングを悪ととらえる見方は、根本的な誤りに基づいています。そこには、大きく二つの誤りが存在します。そしてその二つの誤りは、けっしてマーケティングに悪いイメージを持っているわけではない一般の人々にも、共通して見られるものであることを指摘しておきたいと思います。

一つ目の誤りは、マーケティングの目的に関する誤りです。マーケティングの目的は企業の利益であり、自社商品をより多く買ってもらうこと、市場シェア（業界全体の売上に占める自社製品の割合）を高めることである、という理解です。え、そうじゃないの？　と思われた読者も多いかもしれません。マーケティングとは「売れる仕組みづくり」であると書かれた本も、たくさん販売されています。確かに、そういう時代もありました。しかし、今となっては過去の話であり、それだけでは不十分になっています。

では、現代におけるマーケティングの目的は、いったい何でしょうか。それは、社会全体の利益であり、世の中を良くすることです。もちろん、企業は利益を上げなければつぶれてしまいますので、利益は必要ですし、利益を上げるためには自社製品を買ってもらわなければなりません。一方で、企業も社会の一部ですから、社会全体の利益には自社の利益も含まれます。「自社だけが利益を得ることではない」というところがポイントであり、マーケティングの結果、「自社も含め、世の中が良くなったのか」という視点を持つことが重要です。

つまり、現代のマーケティングにおいても売上や利益は重要な指標ですが、それがすべてではなく、消費者や社会といった世の中全体に良い影響を与えられたのかが、極めて重要な判断基準になっているということです。企業が消費者心理を読んで、本当は買いたいと思っていない商品を買わせても、消費者の利益にはなりません。ここからも、マーケティングが「消費者を操って自社商品を買わせること」でないのは明らかです。

二つ目の誤りは、一つ目の誤りと密接に関わっています。それは、マーケティングが一時的な販売促進策（のようなもの）であるという認識です。たとえば、広告キャンペーンやイベントの成果は、その期間中あるいは終了直後の売上や来店客数などで測られることが多いのは事実であり、旬な出来事を求めるニュースなどはまして、そのような成果を報道します。そのため、マーケティングは週次、四半期、あるいは年次レベルの売上規模等を増大させるために行われるもの、という印象がついてしまうのかもしれません。

しかし、少なくとも二〇〇〇年以降、マーケティングの世界ではマーケティングの焦点が「個々の取引」から「関係性の構築」へと移っています。一度きりの取引を前提とするならば、相手に不利益を被らせても「逃げるが勝ち」でいられます。そのような状況下では、短期的な成果が重要なポイントになるでしょう。しかし、相手と関係を築くということは、長期継続的な取引が前提となります。繰り返し取引を行う相手と長きにわたって良好な関係性を築いていくにあたっては、「信頼」が鍵となります。信頼できない相手は、ビジネスパートナーから外されてしまうからです。

信頼を失うのはすぐですが、信頼を得るには時間がかかります。ですから、今売れれば良い、という短期的思考ばかりではうまくいかず、今の取り組みが五年後、十年後にどのような影響をもたらすか、将来を見据えたブランド戦略が重要性を増すことになります。マーケティングの目的が、社会全体の利益や世の中の改善であることを考えれば、マーケティングを長期的な視点でとらえるという変化は、自然な流れであると言えるでしょう。

かつて、ある有名な経営者は、ビジネスに重要なのは「正射必中《せいしゃひっちゅう》」の考えであると説きました。「正射必中」とは弓道の言葉であり、「正しい姿勢で弓を射れば、矢は必ず的に命中する」という意味です。ビジネスにおいてもまったく同じで、正しい姿勢でビジネスを行えば、売上や利益はあとから自ずとついてくるものだ、ということです。ビジネスにおける的は、売上や利益でしょう。しかし、的に当てることばかり考えていると（短期的な売上／利益至上主義）、むしろ矢は的と違う方向に飛んでいってしまうものです。

では、正しい姿勢でビジネスを行うとはどういうことでしょうか。それこそが、マーケティングを正しく理解し、実践することだと言えます。消費者の利益、社会の利益、世の中の改善について自社ができることを徹底的に考える、つまり長期的な視点に立ち、社会全体が発展することを目的としたマーケティングを実践すれば、矢は的に向かって自然と飛んでいき、自社も発展するに違いありません。

2　マーケティングと消費者行動

前項では、マーケティングがかつてのような「売るため」の活動ではなく、「社会／世の中のため」の活動になってきていることに触れました。その社会・世の中を構成する中心人物は、言うまでもなく消費者です。消費者に焦点を当て、消費者の心理や行動を分析し、理解する営みは、マーケティングが「売るため」の活動であった時代から熱心に取り組んできた得意分野です。学問体系のなかではまだ新米の部類に入るマーケティングですが、消費者行動研究においては一日の長があります。

マーケティングの有名な理論に、4Pまたはマーケティング・ミックスというものがあります。これは、企業がコントロール可能な四つの変数である製品（Product）、価格（Price）、プロモーション（Promotion）、流通（Place）に着目し、ターゲット顧客に向けてこれら四つのP（頭文字）を効果的に組み合わせる（ミックスする）ことの重要性を指摘しています。4P／マーケティング・ミックスは、マーケティングの教科書に必ずといってよいほど登場する、いろはの「い」のような存在です。

このマーケティング・ミックスという考え方を提唱したのはアメリカのジェローム・マッカーシーですが、彼は**図1-1**のような簡単な図にとても大切なメッセージを残しました。マッカーシー教授は著書の中で、「この図を見て、顧客（C）がマーケティング・ミックスの一部であると考えるのは、まったくの誤りである。顧客はあらゆるマーケティング努力の中心にあるべき存在であり、図の中心に顧客を置いたのは、顧客にフォーカスするべきであることを強調するためである[1]」と述べています。

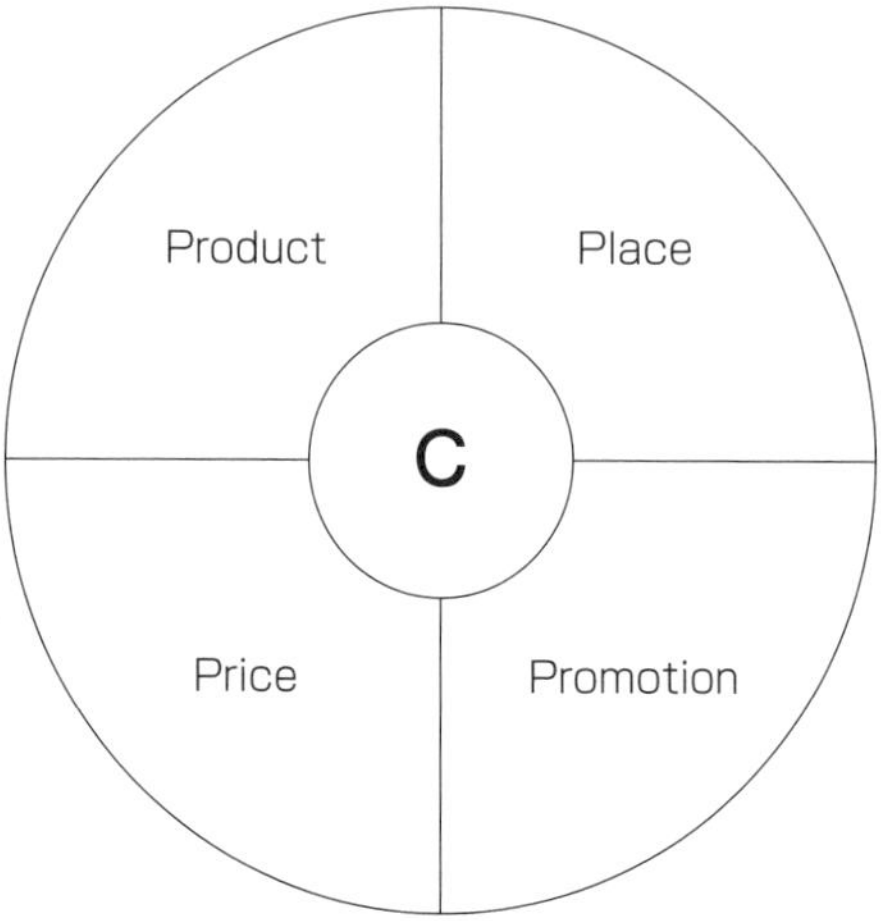

※中心のCは顧客（customer）を表している。

図 1-1　マーケティング・ミックス

（McCarthy, 1978, p.40）

ここでは、顧客を消費者（consumer）と置き換えてもまったく差し支えありません。つまり、マーケティングの最も基本的な概念である4P／マーケティング・ミックスの中心に、顧客・消費者がいるのです。マッカーシー教授は、顧客・消費者の分析と理解こそが、マーケティングの計画と実践における最重要課題なのだと述べていることが分かるでしょう。

本項の冒頭で、他の学問領域と比較して、消費者行動研究においてはマーケティングに一日の長があると述べました。そう言うと、経済学から「経済学でも消費者行動研究をしてきたぞ」と叱られそうです。学問的に見ると、経済学はマーケティングより「大」がつくほどの先輩です。もちろん、経済学でも消費者行動は研究されてきましたし、その成果は質量ともに素晴らしいものがあります。そこで、経済学とマーケティングにおける消費者行動研究の違いを押さえておくことにしましょう。

両者の違いはその前提条件にあります。消費者行動を分析する際、経済学では消費者を、合理的であり、利己的であり、物質的な利益を追求し、常に効用（満足）が最大になるように選択する（つまり選好は変わらない）、自由かつ（相手と）対等な立場で取引を行う存在である、と仮定します。このようなある種完全な消費者のことを、「合理的経済人」と呼びます。

一方、マーケティングではこうした条件をいっさい与えません。マーケティングが対象とする消費者は、合理的でも非合理的でもある、利己的にも利他的にも振る舞う、物質的な利益だけでなく精神的な利益も追求する、効用が最大とならない選択肢を選ぶこともある、企業ととても対等とは呼べない立場（たとえば情報が限られているなど）で取引を行う存在です。それはまったくもって完全ではない、「リアルな」消費者です。

ただし、だからマーケティングのほうが偉いとか、役に立つということにはなりません。それぞれの学問にはそれぞれ異なった背景や目的があり、その目的に合った仮定がなされているに過ぎないのです。また、近年急速に発展してきた行動経済学と呼ばれる領域では、マーケティングと同じように極めて現実的な消費者像を仮定し、消費者行動を分析するようになっています。これからは、経済学とマーケティングにおける消費者行動研究の垣根が格段に下がり、両者の交流が活発化し、消費者行動研究がいっそう進展することが期待されます。

3　感覚マーケティングとは何か

「リアルな」消費者像とは、言い換えれば「人間らしい」ということです。人間だから、時には合理的でない行動や他人のための行動をとったり、物質的ではない精神的な充足を求めたり、よく調べもせずに買ってしまい後悔したりするわけです。そこに、機械やロボットにはない、人間らしさが垣間見えます。たとえば、私たちは、パッケージの色と中身の重さには何の関係もないことを知っています。それにもかかわらず、消費者は無意識のうちに、パッケージが明るい色をしているとその製品が軽いと感じる一方、暗い色をしたパッケージは中身が重いと感じる傾向にあります。その結果、中身が多い商品が欲しいと思っている消費者は、暗い色をしたパッケージを好むようになります。

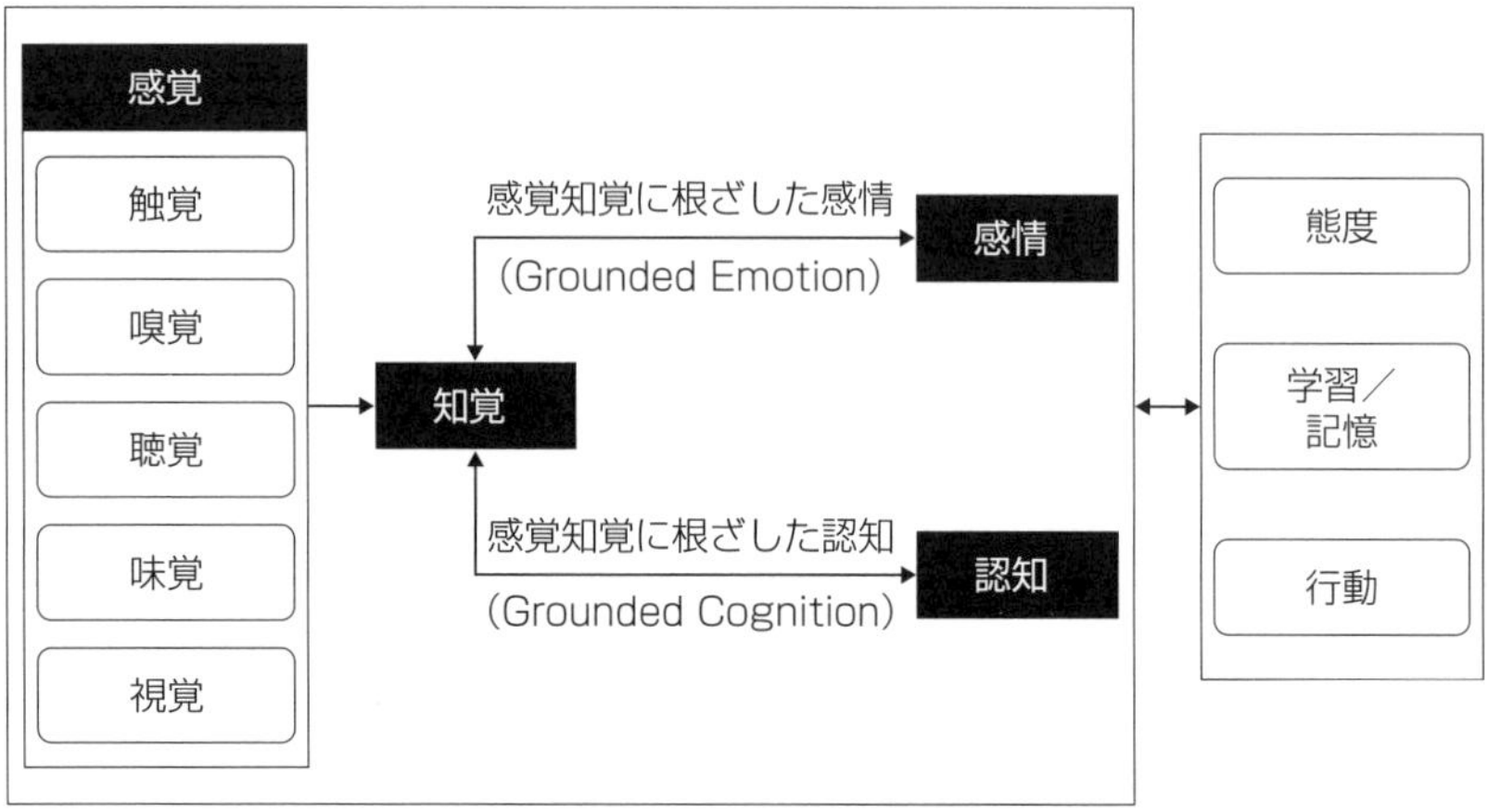

図1-2　感覚マーケティングの概念的枠組み

(Krishna, 2012, p.335；須永，2018, p.62を著者一部改変)

このように、私たちの目、耳、鼻、口、皮膚といった感覚器官は、入力される情報に対し、人間特有の受け止め方をすることが明らかにされています。これを消費者の知覚(perception)と呼びます。人間の感覚知覚に関する理解をマーケティングに活かそうとする取り組みが、感覚マーケティング(sensory marketing)です(**図1-2**)[2・3]。

現代のビジネス環境において、感覚的要素が持つ重要性は非常に高まっています。企業がいくら優れた品質や機能を有する商品を開発し、差別化に成功したとしても、極めて激しい競争が展開されている今日では、競合他社によってすぐに模倣され、追随されてしまいます。このように、企業間競争の結果、商品間での差別性が失われていく状況を、コモディティ化と呼びます。加速化している技術の進化も、コモディティ化を引き起こす要因の一つになってしまうのですから、皮肉な結果と言わざるを得ません。

そのような状況にあって、感覚マーケティングはいっそう注目を集める存在になっています。コモディティ化によって機能や品質による違いがほとんどなくなっているため、見た目、匂い(香り)、肌触りといった感覚的要素が購入の決め手になるケースが多くなっており、その傾向は今後ますます強まることが予想されます。

二〇二〇年二月、自動車メーカーのホンダは、東京の青山で「ここちよさ展」を開催しました。このイベントでは、来場客に心地よい写真（視覚）、音（聴覚）、肌触り（触覚）、香り（嗅覚）を選択してもらい、その結果から本人の気分に合う飲み物（味覚）が提供されました。ここで得られたデータは、五感に訴える、心地よい車づくりに活かされることでしょう。感覚に対する人間の好みは複雑であり、かつ人によって異なる多様なものであることも、感覚マーケティングが新しい差別化軸として脚光を浴びる一因です。

4　感覚マーケティング研究の最前線

ここで、感覚マーケティングに関する研究事例を、いくつか紹介したいと思います。前項で、人は明るい色と軽い物、暗い色と重い物を結びつける傾向にあると述べました。これは、色のなかでも明度と呼ばれる要素と重さの知覚に、強い結びつきがあることを意味しています。しかし、別の研究では、パッケージのどこに写真や画像が配置されているのかによっても、その商品の重さが違って感じられることが明らかにされています。[4] 具体的には、写真や画像がパッケージの上のほうにあると、消費者はその商品を軽く感じる一方、それらがパッケージの下のほうに掲載されていると、消費者はその商品を重いと知覚する傾向にあります。

この研究成果から、カロリーオフといったダイエット志向の商品であれば、写真や画像をパッケージの上のほうに、ボリューム感や増量パッケージであることを訴求したいのであれば、写真・画像をパッケージの下のほうに掲載するべきであるという示唆が得られます。そうすることによって、消費者へ商品特性を的確に伝えたり、感じてもらいやすくなったりするというメリットを享受することができます。

感覚マーケティングの実践は、多くの商品が陳列されている店舗内において、消費者がいち早く目当ての商品を見つける手助けにもなります。とりわけスーパーやコンビニエンスストアのような業態においては、消費者が棚の前に立ってから商品をカゴに入れるまでの時間は、平均でおよそ十数秒程度と非常に短いので[4]、これはもちろん売り手のメリットになります。一方、消費者にとっても、自分の欲しい商品がすぐに見つかることによって店舗内での買い物が効率化できるので、感覚マーケティングは売り手と買い手の双方にメリットを提供します。

さて、パッケージにおける画像の位置によって商品の重さが違って感じられるのであれば、商品棚のどこに陳列されるのかによっても、消費者が感じる商品の重さは変わるのでしょうか。そのことを確かめたのが、Sunagaら[5]による研究です。この研究は、明るい色ほど軽いと知覚されることと、視界の上方にある物体ほど軽く見える傾向にあることを結びつけ、明るい色のパッケージを陳列棚の上段、暗い色のパッケージを陳列棚の下段に陳列させることによって生じる効果を明らかにしました。つまり、軽く見える色の商品を軽く見える位置に、重く見える色の商品を重く見える位置にそれぞれ陳列させることによって、消費者にとって見やすい商品棚（売り場）になり、買い物がしやすくなることを示しました。

見やすい陳列棚を見たときのように、人が情報を知覚したり処理したりする際に感じる容易さのことを、専門用語で流暢性（fluency）と言います。そして、接触している情報の流暢性が高いほど、その対象を好ましいと感じたり、内容が真実であると判断したり、自分が下した意思決定に対する自信が強まったりするといったことにより、その後の選択行動へプラスの影響を及ぼすことが、多くの研究から明らかにされています[4]。

Sunagaら[5]の実験参加者は、パッケージ・カラーの明るさと陳列位置が感覚的に一致している、すなわち、明るい（暗い）色の商品が棚の上方（下方）にそれぞれ陳列されているときは、（そうでないときと比べて）消費者がその陳列棚を「検討しやすい／見やすい／人目をひく」、つまり流暢性が高いと回答しました。さらに、こうした主観的な回答に加え、より客観的な指標を用いて感覚マーケティングの効果を確認することにも成功しています。

具体的には、陳列棚を見て、目当ての商品を見つけるまでにかかった時間（反応速度）を、一〇〇〇分の一秒（ミリ秒）単位で測定しました。その結果を見たところ、パッケージ・カラーの明るさと陳列位置が感覚的に一致している棚から探すときは、（そうでないときと比べて）消費者はより速く目当ての商品を見つけることができていました。こうして、感覚マーケティングが買物行動の効率化に貢献しうることが、客観的にも示されたのです。さらに、陳列されている商品へ支払ってもよいと思う価格（支払意思額、Willingness to Pay：WTPと言います）を尋ねたところ、流暢性の高い陳列棚を見た消費者は、（そうでない陳列棚を見た消費者と比べて）平均して高い金額を示しました。つまり、陳列棚の流暢性を高くすることによって、陳列されている商品に対する消費者の評価も高まることが明らかにされたのです。

Sunagaら[5]は色（明るさ）と位置の対応関係に着目しましたが、色（同じく明るさ）と音楽の対応関係に着目した研究も存在します。Hagtvedt と Brasel[6]は、私たちの多くが、明るい色と高い音、暗い色と低い音に、それぞれ強い結びつきを感じる傾向にあることを明らかにしました。この研究ではさらに、実際の売り場を使った実験（フィールド実験）も行い、マーケティングへの応用可能性について検証しています。Hagtvedt と Brasel[6]も他の研究と同様に、一つの論文の中でたくさんの実験を行ってこの結びつきが確かに存在することを確認していますが、そのうちの一つとして、スーパーのバナナ売り場を使ったフィールド実験を実施しました。

バナナ売り場を隣接する二つのブロックに分け、一方には黒（最も明度が低い色）の装飾、もう一方には白（最も明度が高い色）の装飾を施したうえで、陳列棚に装着されたスピーカーから同じ音楽を流し続けました。音楽を流す際、三十分ごとに音の高さだけが変えられました。曲やボリュームはもちろん、リズム、テンポなどその他すべての要素はまったく同一に設定された音楽です。すると、消費者の買物行動に次のような変化が見られました。高音バージョンが流されている間、黒いほうの棚からバナナを買ったお客は十四人、白の棚から買ったお客さんは二十六人でした。これに対し、低音バージョンが流されている間は、黒いほうの棚からバナナを買ったお客は二十三人、白の棚から買ったお客さんは十七人と、逆の結果になったのでした。現実の売り場を活用したフィールド実験は実施が難しく、マーケティング研究においてもそれほど多く見ることはできません。Hagtvedt と Brasel[6] の研究成果は、感覚マーケティングが、条件を厳密にコントロールした実験室において効果を発揮するのはもちろん、実際の売り場でも有効であることを示した点で貴重であり、価値の高い研究であると言えます。

ところで、ドップラー効果として一般の人々にも知られるように、音を出す物体自体が動いていると、その音は音源が近づくにつれて高く、遠ざかるにつれて低くなるように聞こえます[7]。私たちはふだん、そのような（音と距離の）組み合わせを繰り返し経験しています。そのため、いつしか私たちの感覚知覚に音高と距離の結びつきが形成され、音の高さが、（音源と自分の間の）距離感に影響を及ぼすようになっている可能性があります。その可能性（仮説）を検証し、消費者行動やマーケティングへの応用可能性を示したものに Sunaga の研究[8]があります。

Sunaga[8] ではまず、実験参加者に十八種類の音声ファイルを聴いてもらいました。分析対象となる音楽はパッヘルベル（Johann Pachelbel）の「カノン」、およびラヴェル（Joseph-Maurice Ravel）の「ボレロ」でした。いずれも、オリジナルの音源から音の高さだけを変更した、三つのファイル（ターゲット刺激）が用意されました。その他の十二の音声ファイルは、参加者に実験の意図が悟られないようにするためのフィラー刺激（filler stimuli）、いわゆるカモフラージュです。

分析の結果、どちらの曲でも、高い音楽を聴いたときよりも低い音楽を聴いたときのほうが、実験参加者はその音源が遠くにあると予想しました。めでたく仮説は支持されましたが、このことは消費者行動にどのような影響を及ぼすのでしょうか。過去に行われた研究によれば、対象までの距離が遠い（たとえば遠く離れた異国のニュース）と、抽象的な表現を用いたコミュニケーションが効果的である（真実だと思われやすい）一方で、対象までの距離が近い場合（たとえば同じ市内）は、具体的な表現のほうが効果的になるといいます[9]。そこでSunaga[8]は、実験を行うにあたり、二つの異なる絵画展のプロモーション動画を作成しました。一つは、荒々しい筆致、明確な線や輪郭が見られないという特徴を有し、主題の細部より全体をとらえ、光の動きや変化の質感を表現しようとする印象派絵画、もう一つは、豊かで深い色彩、強い明暗、動的、躍動感といった特徴を有し、一瞬の感情や情熱を表現しようとするバロック絵画の展覧会です。そして、印象派絵画展（相対的に抽象度が高い）のプロモーション動画の場合は、BGMに低い音楽（遠く感じる）を用いたほうが良く、バロック絵画展（抽象度が比較的低い）のプロモーション動画の場合は、BGMに高い音楽（近く感じる）を用いたほうが良いのではないかという仮説を立て、検証しました。

実験の結果、印象派絵画展のプロモーション動画では低い音楽、バロック絵画展のプロモーション動画の場合は高い音楽をそれぞれBGMとして用いたほうが、それぞれ逆の高さの音楽を用いるよりも、動画や絵画展に対する消費者の評価は高まることが示されました（**表1-1**〈次頁〉には、Sunaga[8]の実験で動画に用いられた絵画のリストが示されています）。

5　マーケティングとは何か

本章ではまず、マーケティングにまつわる二つの誤解について説明し、マーケティングのあるべき姿につい

表1-1　Sunaga（2018）の実験で呈示された絵画リスト

印象派	バロック
睡蓮 1906年（クロード・モネ）	聖マタイの召命（ミケランジェロ・メリージ・ダ・カラヴァッジオ）
オペラ座通り、陽光、冬の朝（カミーユ・ピサロ）	真珠の耳飾りの少女（ヨハネス・フェルメール）
積みわら、霜の朝（クロード・モネ）	牛乳を注ぐ女（ヨハネス・フェルメール）
サント・ヴィクトワール山（ポール・セザンヌ）	ラス・メニーナス（ディエゴ・ベラスケス）
果物籠のある静物（ポール・セザンヌ）	レルマ公騎馬像（ピーテル・パウル・ルーベンス）
ぶらんこ（ピエール・オーギュスト・ルノワール）	ブレダの開城（ディエゴ・ベラスケス）
ルーアン大聖堂、昼（クロード・モネ）	地理学者（ヨハネス・フェルメール）
印象・日の出（クロード・モネ）	窓辺で手紙を読む女（ヨハネス・フェルメール）

※実験に先立って行われたプリテストによって、双方の絵画群の間に評価（好意度）の差はなく、抽象度には有意差がある（印象派絵画の方がバロック絵画よりも抽象度が高い）ことが確認されています。
（須永，2018）

て言及しました。さらに、「正射必中《せいしゃひっちゅう》」という弓道の教えをビジネスに活かした経営者の話に触れ、正しい姿勢でビジネスを行うこと、すなわちマーケティングを正しく理解し実践することができれば、矢は的に向かって自然と飛んでいく（売上や利益が後からついてくる）と主張しました。その後、マーケティングにおける消費者理解の重要性、とりわけ消費者の感覚知覚を理解することの重要性を指摘し、いくつかの感覚マーケティング研究について概説しました。

本章を読んでいて、疑問を持った読者、あるいは腑に落ちないと感じた読者がいるかもしれません。感覚マーケティングは、まさに消費者を自分たちの思うように操作しようとしているではないかと。それは、真のマーケティングに反するではないかという疑問です。確かに、少なくともここで紹介したような近年の感覚マーケティングが解き明かそうとしているのは、消費者が無意識のうちに受けている感覚刺激の影響です。本章で示したような色、位置、音楽の影響はどれも、消費者が明確に自覚しているものではありません。こうした研究成果があることを知れば、「もしかしたら、自分たちは知らず知らずのうちに、視覚的刺激や聴覚的刺激を使い企業にとって都合の良いように動かされているのではないか」と怖くなってしまうのもうなずけます。

しかし、だからといって感覚マーケティングはけしからん、ということにはなりません。まず、そうした意図を持って利用することが可能な理論は、感覚マーケティングに限りません。古くからあるマーケティングや消費者行動の理論も、多くが同じような側面を有しています。だからこそ、冒頭で述べたようなマーケティング批判が起こり得たのです。

感覚マーケティングであれ、その他の理論であれ、使い方によっては消費者を操作し、消費者から搾取し、自社の懐を肥やすことが、「短期的には」可能になってしまいます。しかし、長期的な視点に立てば、そのような売り手の悪意をいつまでも隠し通すことはできません。現代の消費者は、価格比較サイト、レビュー・サイト、ソーシャル・メディアなど、非常に広範で膨大な量の情報へ、かつてないほど容易にアクセスできます。そのような情報環境によって、悪意のマーケティング（誤ったマーケティングの使い方であり、本来、マーケティングとは呼べない）は早晩暴かれ、社会から制裁を加えられるでしょう。

感覚マーケティングの目的は、感覚知覚の特性を理解し、消費者が求める情報をより効果的・効率的に届け、消費者情報処理の負荷を軽減したり、消費における経験的な価値を向上させたりすることに他なりません。その過程で消費者は、買物行動を効率化できたり、ニーズとより適合した商品を識別・選択したりすることもできます。買い物の失敗やそれに付随する後悔、不満足が少なくなる効果も期待できます。

大切なのは、私たちマーケティング研究者や企業のマーケターが、マーケティングを正しく理解し、正しく使う意志を持ち続けることです。どのような道具であれ、使い方を誤れば凶器になり得ます。切れ味の鋭い道具ほど、引き起こされる悪影響も大きいでしょう。本書を手に取った皆様が、マーケティングを正しく理解する意味を認識し、正しく使う強い意志を持って次章以降に目を通していただけることを、切に願います。

ところで、冒頭での問いに何の回答も示していませんでした。「マーケティングとは何か」という問いです。回答ではなく解答（正解）を知りたい方は、アメリカ・マーケティング協会（American Marketing Association）のホームページ（https://www.ama.org/the-definition-of-marketing-what-is-marketing/）にマーケティングの定義が書かれていますので、そちらをご覧ください。しかし、マーケティングを真に正しく実践しようと思うのであれば、正しい定義（解答）を記憶するよりも、「自分の回答」は何なのか、常に考え続けることをお奨めします。そのほうがマーケティングの誤用を防ぐのに効果的だと思うからです。

このような「回答」という意味では、研究者の間でも一貫した答えはありません。したがって、あくまで一つの例にすぎませんが、最後にそれをお示しして本章を終えたいと思います。ピーター・ドラッカーによる「マーケティングの目標は、セリングを不要にすることである[10]」という有名なフレーズも非常に的確な表現ですが、「マーケティングはプレゼントである[11]」という比喩も、マーケティングの本質やとても大切なことを、実にうまく表現していると思います。

誰かにプレゼントを贈るとき、相手に喜んでもらおうと思うならば、どうするでしょうか。何が欲しいか相手に聞いてみるのも、一つの方法です。これが、従来型の消費者調査（アンケート）に基づくマーケティングです。しかし、尋ねられた相手は、本当に欲しいものを答えられた（答えられる）のでしょうか。答えられたとして、それがベストな、つまり相手が最も喜ぶプレゼントでしょうか。もちろん、欲しかったものをプレゼントしてもらえたら、相手はきっと喜んでくれるでしょう。

しかし、本当に相手のことを思いやっていて、心から相手に喜んでほしいと思うとき、あなたは別の方法も考えるのではないでしょうか。ふだんから相手のことを考え、よく知っているのであれば、相手が本当に喜んでくれそうなもの、必要としているものは何かと、自分で深く考えることもできるはずです。そして、ふだんの行動やちょっとした言動から、それを予測して用意することもできます。人は贈られたものが何であれ、贈り手のそのような気持ちを感じることができたとき、心から嬉しいと思えるのではないでしょうか。

マーケティングも同じです。アンケートなどの消費者調査も必要ですし、それに基づく商品開発が有効（効率的）なときもあります。ただし、マーケターが、「アンケートで消費者が欲しいという商品を作れば売れるはず」と考えてしまったら、個々の消費者から「あなたは私のことを何も分かっていない」という冷たい反応が返ってくるかもしれません。今日のマーケターには、消費者調査の結果に隅々まで目を凝らし、そこに隠された真のニーズを汲み取ろうとする意志が必要です。そして普段から消費者のことを考え、彼・彼女らの些細な言動に隠されたサインを見逃さず、消費者、そして消費者の暮らす社会・世の中が良くなることを真剣に考える努力こそが、消費者から信頼され、互いに良い関係を構築し、維持していく道を切り拓いていくでしょう。

【引用文献】

（1） McCarthy, J. (1978) *Basic marketing* 6th ed. Homewood, IL: Richard D. Irwin, Inc.

（2） Krishna, A. (2012) An integrative review of sensory marketing: Engaging the senses to affect perception, judgment and behavior. *Journal of Consumer Psychology*, **22**(3), 332-351.

（3） 須永努（2018）『消費者理解に基づくマーケティング――感覚マーケティングと消費者情報消化モデル』有斐閣

（4） Deng, X. & Kahn, B. E. (2009) Is your product on the right side? The "location effect" on perceived product heaviness and package evaluation. *Journal of Marketing Research*, **46**(6), 725-738.

（5） Sunaga, T., Park, J., & Spence, C. (2016) Effects of lightness-location congruency on consumers' purchase decision-making. *Psychology and Marketing*, **33**(11), 934-950.

（6） Hagtvedt, H. & Brasel, S. A. (2016) Cross-modal communication: Sound frequency influences consumer responses to

color lightness. *Journal of Marketing Research*, **53**(4), 551–562.
(7) Neuhoff, J. G. & McBeath, M. K. (1996). The Doppler illusion: The influence of dynamic intensity change on perceived pitch. *Journal of Experimental Psychology: Human Perception and Performance*, **22**(4), 970–985.
(8) Sunaga T. (2018) How the sound frequency of background music influences consumers' perceptions and decision making. *Psychology and Marketing*, **35**(4), 253–267.
(9) Hansen, J. & Wänke, M. (2010) Truth from language and truth from fit: The impact of linguistic concreteness and level of construal on subjective truth. *Personality and Social Psychology Bulletin*, **36**(11), 1576–1588.
(10) Drucker, P. F. (1986) *Management: Tasks, responsibilities, practices*. Truman Talley Books.
(11) 久保田進彦・澁谷覚・須永努（2013）『はじめてのマーケティング』有斐閣

第2章 広告効果を上げる認知心理学

【松田 憲】

認知心理学とは、「知覚、注意、思考、言語、記憶に関する心的プロセスの操作を明らかにする心理学の一分野」[1]と定義されます。知覚対象である刺激（入力）と、それに対する反応・行動の連合のみに焦点を当ててきた行動主義に対して、認知心理学では「入力情報がどのように処理されて、最終的に行動として出力されるか」という、従来の行動主義心理学ではブラックボックスとされてきたプロセスの部分に焦点を当てている点が特徴です。

広告とは、アメリカマーケティング協会による定義では、「メッセージの中で識別可能な営利企業や営利組織または個人が、特定のオーディエンスに対して、製品、サービス、団体またはアイデアについて、伝達または説得をするために、さまざまな媒体を通して行う、有料の非個人的コミュニケーション」[2]です。すなわち、広告とは商行為のために広く世間に告知するメッセージ一般を指しています。

広告への感情的反応と広告効果との関係は、これまでに多くの研究によって検討されてきました。たとえば、ポジティブな広告は、商品へのより良い反応を喚起させることが示されています[3]。実際の場面でも、広告に魅力的なタレントを起用したり、美しい風景や音楽を使用したりすることによって、広告に対するより良い印象を消費者に形成させることを目指しています。

広告はメディアなどを通じて、われわれ生活者に何度も繰り返し提示されます。先行研究でも、反復提示された広告への肯定的反応が、再認判断と無関係に上昇することが示されています。[4] そして、その効果要因として、単純接触効果と呼ばれる現象が挙げられます。単純接触効果とは、刺激への接触経験が学習エピソードに帰属されるか否かにかかわらず、刺激の提示回数の増加に伴って当該刺激への好意的反応が上昇する効果であり、[5] 認知心理学や社会心理学の分野でこれまでに多くの研究が行われてきています。広告刺激を用いた単純接触効果の研究も数多く行われてきており、広告への接触頻度とともに広告効果が上昇することが示されています。

広告の効果指標として、リーチ（広告露出期間中に広告メッセージを受け取った視聴者数）と、フリークエンシー（期間中に視聴者に広告メッセージが到達した回数）があります。メーカーが新製品を市場に投入するときにはリーチが重視され、より多くの視聴者に情報を届けることが求められます。その後の広告露出期間内には、フリークエンシーが重要になります。フリークエンシーがあまりに少ないと、せっかくメッセージが到達した視聴者であっても、商品の記憶が減少してしまうからです。逆にあまりに多すぎても、視聴者が心的飽和状態になり、かえって広告が避けられてしまいます。

単純接触効果研究においても、提示回数の増加に伴って好意度は上昇していきますが、ある程度の提示でピークを迎え、その後は上昇効果が抑制されることが示されています。[6] これを単純接触効果の倦怠効果(boredom effect)と言います。[7] そのために、広告反復提示時の心的飽和を抑制する方法論の確立が重要となります。

本章では、筆者の研究グループがこれまでに行ってきた、広告の認知心理学的研究を紹介します。実験1では視覚広告、実験2では聴覚広告を用いた単純接触効果の研究を取り上げます。実験3では、単純接触効果の倦怠効果を抑制するために、刺激反復提示時に新奇性要素を付加させた実験を紹介します。

また、一般的に広告メッセージは、視聴者には受動的に受け取られることが多いと考えられます。そのため、能動的な情報処理と比較して、広告の説得メッセージに対して心理的リアクタンスが生じやすいと言えます[1]。心理的リアクタンスとは、苦痛や不安、抵抗、自由回復の願望[*1]によって特徴づけられる動機づけを指します。実験４では動画バナー広告を刺激に用いて、広告内で商品を等速運動させました。商品の大きさと移動速度、移動方向を操作することで、刺激への視覚追尾によって能動的に刺激関与を行わせることによる、情報探索動機と広告効果への影響を調べました。続いて実験５では、観察者の注意を強く惹きつける、複雑かつ生物的な運動をする対象物体を刺激として用いた実験を行い、刺激移動中の方向変化回数や変化タイミング、運動速度の加速度を操作して、刺激に対する参加者の能動的関与と刺激への評価の関係について検討しました。さらに実験６は、商品への関与の高低によって、広告メッセージの精緻化への動機づけを操作し、それらの違いが広告評価や商品購買意図にどのように影響するのかの検討を行いました。

1　視覚広告・聴覚広告の単純接触効果

単純接触効果は、視覚以外にもさまざまな感覚様相で得られることが確認されています。そこで実験１として、視覚的な広告としてバナー広告を用いた単純接触効果研究を紹介します。続いて実験２として、聴覚単純接触効果によって広告効果を増進させることを示した研究について紹介します。

＊1　ヒトが自らの自由を侵害されたと感じたときに生じる、その自由を回復させたいという願望。

A　実験1[8]——視覚広告を用いた単純接触効果研究

　実験1で提示刺激として使用するバナー広告とは、インターネット広告のひとつの形態であり、PCやスマートフォンのサイト上に、社名やロゴなどの画像を表示するものです。バナー広告の効果指標として、インプレッション効果やトラフィック効果、レスポンス効果があります。インプレッション効果とは、バナー広告に接触することによって、広告メッセージやブランドを認知するといった広告効果を指します。トラフィック効果は、バナー広告をクリックさせてユーザーを目的のサイトに誘導する効果を、レスポンス効果は、商品の購入などの実際の行動に移行させる効果をそれぞれ意味します。バナー広告の効果を論じる際には、トラフィック効果やレスポンス効果に目が向けられがちでしたが、最近ではインプレッション効果の重要性が見直されています。インプレッション効果には単純接触効果の関与が考えられ、企業のブランディングにも活用されています。

　そこで実験1では、バナー広告の反復提示が、消費者の当該商品に対するブランドや好意度の形成、購買意図に及ぼす影響を検討しました。商品名の典型性（その商品の名称として、在りそうか否かの指標）を操作し、接触前の事前典型性（刺激本来の典型性）と、接触後の事後典型性（刺激反復提示によって改定された典型性）を比較することで、バナー広告反復接触によってブランド認知がどのように変動するのかを検討することも併せて目的としました。

　概念構造の代表的なモデルであるプロトタイプモデル[9]によると、われわれの持つ概念は、典型的な特徴を要約したプロトタイプを中心にして体制化されています。よって、ある典型性（事前典型性）を持つ商品名を反復提示することによって、当該商品の概念内のプロトタイプが刺激への接触頻度に重みづけられて改定され

（事後典型性）、典型性の高い刺激は安心感を生じさせるために、好意的に評価されるのではないかと予想されます。

【手続き】

大学生七十九名による個別実験を行いました。バナー広告は、食品と日用品、医薬品の三カテゴリーであり、二セットに分割してそれぞれを旧項目と新項目としました。なお、旧項目と新項目の事前典型性は、予備調査により同等であることが確認されていました。

最初に、実験参加者（以下、参加者と表記します）の関心に応じて、商品カテゴリーの選択を行わせました。続いて、参加者にバナー広告を反復提示しました。通常、バナー広告は意図的に意識を向けられにくく（banner blindness effect）[10]、バナー広告に強制的に接触させることによる広告効果の上昇を示す研究もあります[11]。そこで、バナー広告を一度に三枚ずつ縦に並べて提示し、参加者には一番上ないし一番下の広告に選択的注意を向けるように教示しました。注意が向けられた刺激をTarget刺激、その隣をBeside刺激、反対側をOpposite刺激としました。提示回数は一種類につきすべて十回でした。五分のインターバルを挟んで、参加者には事後典型性と好意度、購買意図、再認判断の各判断を、二者択一形式で求めました。

【分析結果】

事後典型性と好意度、購買意図、再認判断の旧項目選択率がチャンスレベル（五〇％）を上回るかを検討するために、二項検定を行いました。さらに、旧項目選択率を逆正弦変換して一般線形モデル分析を行いました。

事後典型性判断では、事前典型性が高く、選択的注意を向けられた刺激ほど、旧項目の選択率が有意に高くなりました（高典型なTarget刺激の平均選択率は六五・八％）。また、提示位置の主効果が有意傾向であり

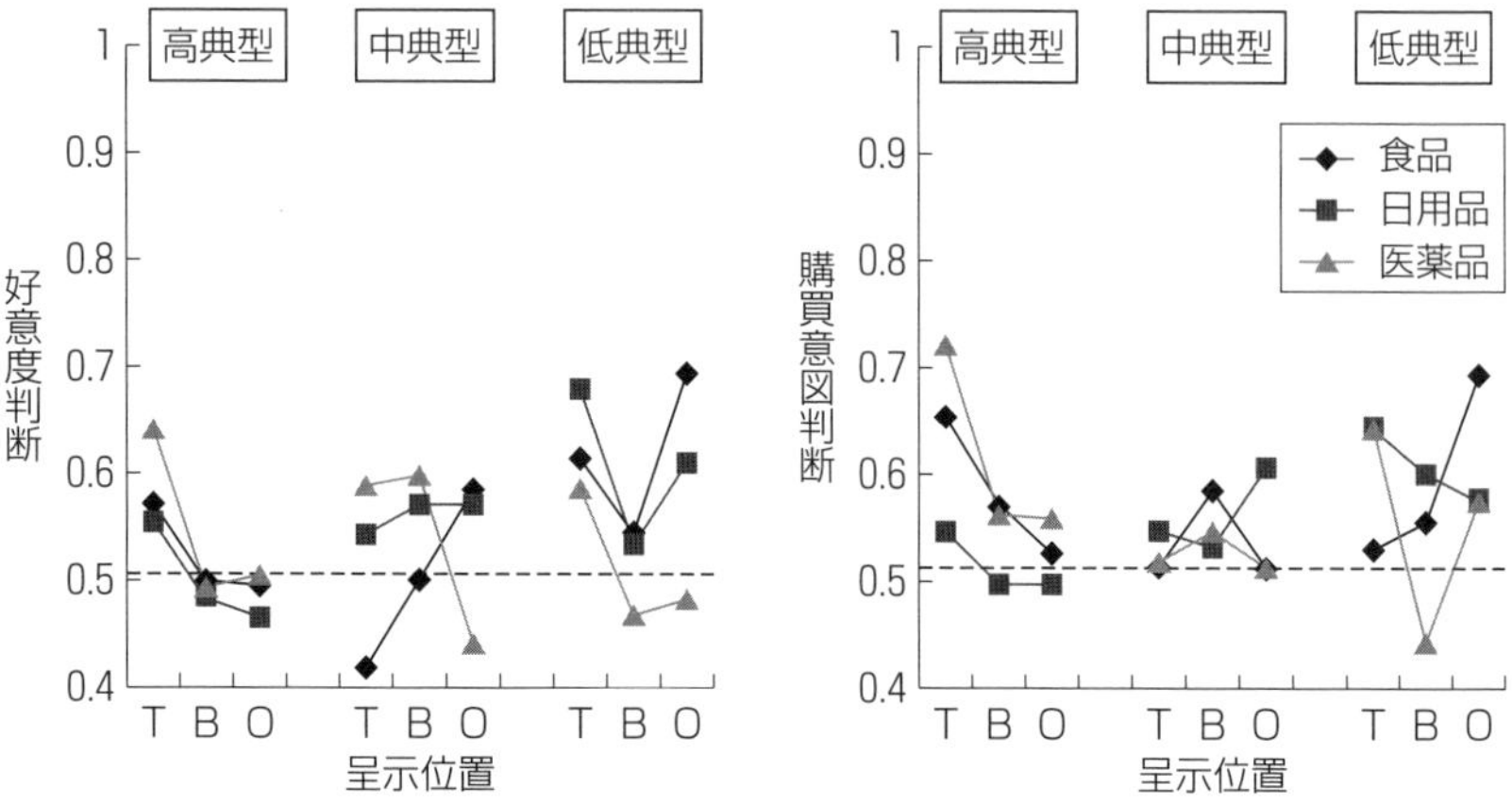

＊T：Target 刺激　B：Beside 刺激　O：Opposite 刺激

図 2-1　商品名の事前典型性と呈示位置が好意度と購買意図判断に及ぼす効果

（松田ら，2007を著者一部改変）

(F(2, 18)＝4.24, p＝.056)、Q検定の結果より、事前典型性が高い商品で提示位置の条件間に有意な差が示されました（Q＝8.27, p＝.016）。再認判断は全条件で有意にチャンスレベルを上回り、提示位置の主効果が有意でした（F(2, 18)＝50.88, p＜.001）。

この結果から、事前典型性の高い商品名のバナー広告に選択的注意が向けられたときに、その商品名の事後典型性判断が上昇したことが示唆されました。さらに、Target 条件の事前典型性の高い刺激が反復提示されることで商品名の再認成績が上昇したことから、バナー広告への反復接触経験によって、反復提示された商品名に寄ったかたちで典型的事例が修正されたことで、事後典型性の高い刺激、すなわちブランドの典型的事例に類似した刺激に対する虚再認も再認成績に含まれていると考えられます。

商品名への好意度と購買意図の判断（**図 2-1**）は、高典型の Target 刺激ならびに低典型の Target 刺激と Opposite 刺激で、旧項目の選択率がチャンスレベルを有意に上回りました。また、好意度判断では事前典型性の主効果が有意であり（F(2, 18)＝4.64, p＝.046）、提示位置の主効果は有意傾向でした（$F(2, 18) = 4.44, p = .051$）。さらに商品カテゴリーと事前典型性、商品カテゴリーと提示位置、事前典型性と提示位置の交互作用がそれぞれ有意でした（$Fs(4, 27) = 4.06, 4.31, 4.07, ps = .044, .038, .043$）。よって、バナー広告の反復提示による事後典型性の上昇を媒介して、商品名への好意度が高まったと言えます。購買意図判断の一般線形モデル分析検定では有意な効果は得られませんでしたが、事後典型性と購買意図との間に有意な正の相関が得られていることから（$r = .26, p < .01$）、反復提示による事後典型性の上昇が購買意図も高めたと予想されます。

【考察】

バナー広告の反復提示によって、その商品名の典型的表象が形成され、典型的刺激に対して生じる既知性が刺激に対する親近感を生じさせ、結果としてその刺激対象に対する好意度と購買意図を高めることが示されました。実験1で測定した事後典型性評定は、これまでの広告や商品への接触経験によって形成された典型的表象との類似度に基づいていると考えられますので、典型性の高い刺激はより既知性が高く、虚再認が生じやすいことも併せて示されました。

商品カテゴリーごとに見ると、食品と日用品では、商品名が低典型で周辺視野に提示されたバナー広告であっても、好意度判断で高い選択率を示しています。購買意図判断でも、食品で同様の効果が見られました。一方で医薬品は、高典型商品名の焦点視野提示バナー広告が選択され、低典型商品名においても旧項目が選択されていました。食品や日用品のように、安全性がある程度保障されており、商品のコモディティ化が進んで差別化が困難な商品カテゴリーでは、新奇な商品名が好まれ購買欲求が高まるのに対して、医薬品ではリスク回避のために、より既知性の高い典型的な商品名が選択されたと考えます。

以上より、バナー広告の単純接触効果には、反復提示された商品の典型的表象の形成が当該商品に対する既知性や親近感を生じさせるといった効果が介在していることが明らかとなりました。

B　実験2[11]――聴覚広告を用いた単純接触効果研究

サウンドロゴとは、ラジオやテレビCMなどにおいて、商品名や企業名、ブランド名、電話番号などを、比較的短い印象的メロディにのせる聴覚的技法を指します。実験2では、広告コピー文をメロディにのせることで、文の記憶を促進したり、好感度を上昇させたりする規定要因を検討しました。

関連する先行研究として、Wallace[12]の研究では、歌詞をメロディにのせて聴かせた場合と朗読した場合とでは、メロディにのせたほうが記憶が促進されることが示されています。実験参加者がメロディを十分に記銘していなかったり、メロディと文とがうまく対応していなかった場合には、記憶成績が伸びないことも併せて示されています。ここから、サウンドロゴを視聴者に聴かせる場合には、シンプルで覚えやすいメロディにコピー文をのせて、反復提示することで、記憶を促進することができると考えられます。

さらにサウンドロゴのメロディについて、快感情の規定要因である親近性に注目しました。単純接触効果の生起要因として広く受け入れられている、知覚的流暢性の誤帰属説（ある刺激に反復接触することで、刺激に対する知覚情報処理レベルでの処理効率が上昇することによって刺激への親近性が高まり、この親近性の高まりが刺激そのものへの好ましさに誤帰属されるというもの）は、親近性の高い刺激が正の誘意性を持っていることを前提としています[13]。親近性は「メロディと歌詞の対応づけ」を左右する要因であり、メロディが聴きやすく馴染み深いものであるほど、歌詞との対応づけが容易になり、記憶しやすくなることが予想されます。

そこで実験2では、まず、メロディの親近性とサウンドロゴの反復提示が広告効果に及ぼす効果を検討しました。次に、サウンドロゴのように文をメロディにのせることで記憶促進が起こるかについて検討しました。

【手続き】

大学生および大学院生五十五名が参加しました。実験は個別に行われ、サウンドロゴへの反復接触、コピー文の記述再生課題、サウンドロゴに含まれていた商品名への主観評価の三段階からなっていました。

サウンドロゴへの反復接触時に参加者に提示されたサウンドロゴは、メロディの親近性の高いものと低いものが五曲ずつの計十曲でした。その内訳は、メロディの親近性の高低ごとに、反復接触時に出てこないもの、一回・三回・六回出てくるもの、提示系列の初頭部と新近部に提示されるフィラー刺激がそれぞれ一曲ずつの計五曲でした。コピー文は、架空のカレーの商品名を含む文章でした。参加者五十五名のうち三十八名はメロディありのサウンドロゴを反復提示され、十七名はベースラインとしてメロディなしのコピー文の朗読を反復提示されました。

提示された六曲のコピー文の記述再生課題では、文全体を思い出せない場合には、単語のみの記述再生も許可しました。再生されたコピー文の得点化は加点法で行いました。それぞれのコピー文について最も重要である商品名が再生できていれば二点、商品名以外の単語は一点、二つ以上の単語が再生できた場合、それらが適切につながっていれば一点、完全に再生できていれば五点としました。

商品名への主観評価は、フィラーを除く八つのコピー文内に含まれていた商品名に対して、（商品名の）典型性、安心感、好意度、購買意図の七段階評定を求めました。

【分析結果】

実験結果（**図2-2**）の分析に先立ち、プレテストとして行ったメロディのみの単独反復提示の結果を述べます。本実験とは異なる四十八名の大学生による親近性と安心感、好意度の評定値に対して、メロディ親近性と提示回数を要因とした二要因参加者内分散分析を行ったところ、メロディ親近性の効果は、親近性と安心感、

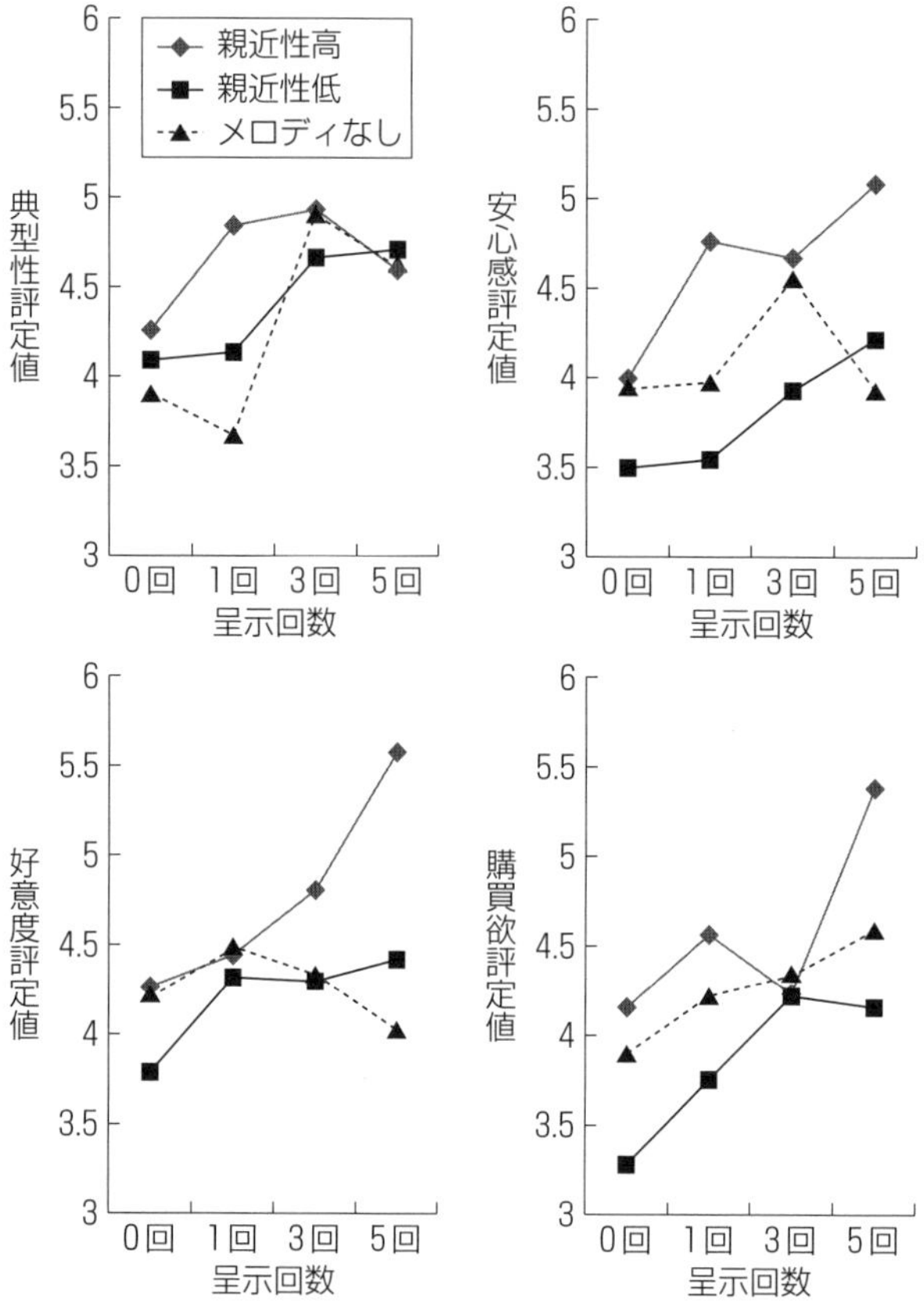

図 2-2　呈示回数による親近性の異なるサウンドロゴの評定値の推移（松田ら，2006を著者一部改変）

好意度の三つの尺度すべてに見られたものの（$Fs(1, 47) = 124.75, 1.77, 68.52; ps < .001$）、提示回数の効果は親近性評定値のみで見られ（$F(3, 141) = 11.69, p < .001$）、安心感と好意度の評定値では見られませんでした（$Fs(3, 141) = 1.77, 1.97; n.s.$）。すなわち、本実験で設定した提示回数のもとでは、反復接触によるメロディへの評価の上昇は見られませんでした。

本実験のメロディあり群について、典型性と安心感、好意度、購買意図評定値の分析を行ったところ、メロディ親近性と提示回数の主効果は、安心感と好意度、購買意図で有意でした（$Fs(1, 37) = 19.05, 15.62, 25.27; Fs(3, 111) = 6.63, 8.37, 8.13; ps < .001$）。典型性評定値では、提示回数の効果が有意傾向でした（$F(3, 111) = 2.52, p = .062$）。交互作用は好意度で有意傾向であり（$F(3, 111) = 2.39, p = .072$）、購買意図で有意でした（$F(3, 111) = 2.76, p = .046$）。メロディなし群においては、典型性評定値のみで提示回数の効果が見られたものの（$F(3, 48) = 4.74, p = .006$）、ほかの三尺度では効果が見られませんでした（$Fs(3, 48) = 1.90, 0.70, 0.69; n.s.$）。

以上より、サウンドロゴの反復提示とメロディ親近性によって商品名への安心感が上昇し、親近性の高いメロディはサウンドロゴの広告効果を高め、その効果は反復提示によって、より促進されることが明らかとなりました。

続いて、コピー文の記述再生課題について、メロディあり群について提示回数とメロディ親近性を要因とした分散分析を行ったところ、それぞれの主効果が有意でした（$F(2, 74) = 29.51, p < .001; F(1, 37) = 4.65, p = .038$）。よって、広告コピー文を親近性の高いメロディにのせたほうが、コピー文の記憶が促進されることが明らかとなりました。しかし、メロディあり群の親近性高条件とメロディなし群を比較したところ、メロディなし群の再生成績が、メロディあり群の親近性高条件よりも高い傾向が見られ（$F(1, 53) = 3.94, p = .052$）、メロディにのせないほうがむしろ、記憶成績が高くなる結果となりました。

【考察】

広告コピーを親近性の高いメロディにのせることで、広告評価に反復提示の効果が得られることが明らかとなりました。コピー文と音楽の単独提示では反復による評価の上昇は見られず、サウンドロゴのように両者が組み合わさったときに初めて得られる効果であると言えます。実際のテレビCMにおいても、たとえば現東京芸術大学教授の佐藤雅彦氏が、広告代理店勤務時にCMプランナーとして手掛けられた「モルツ（サントリー）」や「ポリンキー（湖池屋）」のようなブランド連呼型の広告の成功も、本研究の結果を裏付けるものであると言えるでしょう。

メロディによる記憶促進は、コピー文を親近性の高いメロディにのせたほうが、低いメロディにのせるよりも再生記憶成績が良い結果となりました。メロディの親近性が、コピー文の符号化時に手がかり情報として付加されることで、コピー文への接近可能性を促進させたのではないかと考えます。しかし、先行研究[12]と異なり、コピー文をメロディにのせることによる記憶促進の効果は、確認できませんでした。その理由として、メロディあり群はメロディつきで覚えたにもかかわらず、再生は記述形式であり、このような符号化時と検索時の状況の違いが影響したことが考えられます。また、使用言語の違いも理由として挙げられます。先行研究では英語が使用されていましたが、英語は日本語と比較して韻を踏みやすく、リズムによる促進効果を受けやすかったのではないでしょうか。最近ではサウンドロゴがますます短いものになってきていますが、広告効果を促進させるには、符号化・検索の刺激の類似性を高めることが必要となるでしょう。

2 親近性選好と新奇性選好

ここまでは、広告効果を高めるための親近性の重要性について述べてきました。しかし一方で、バナー広告の実験（実験1）において、食料品カテゴリーでは商品名の事前典型性が低いときにはむしろ新奇な刺激への評価が高かったように、新奇性の影響についても見ていく必要があります。

一般に、選好判断にはⅡ種類（親近性・新奇性）の相反する要因があると考えます。親近性選好はなじみ深さに対する好意度であって、単純接触効果もここに含まれます。新奇性選好は目新しさに対する好意度です。

下條[14]は、長期にわたって日本で放映されている人気CMシリーズについて、親近性と新奇性の役割を分析したところ、CMの親近性と新奇性の両方が当該CMの魅力度に貢献していることが示されました。親近性と新奇性は互いにトレードオフの関係にあるわけではなく、各々が独立的に働いていたことも明らかとなりました。

また、親近性選好と新奇性選好が生じる対象について調査した研究[15,16]によると、人の顔は親近性選好であり、自然風景は新奇性選好、幾何学図形はほぼ中立（やや新奇性より）と、対象のカテゴリーによって選好判断が異なることが示されています。

このように、先行研究において両方の選好が支持されていることから、親近性要素と新奇性要素の組み合わせ方に、好意度を決定する要因があることが推測できます。テレビCMの主流スタイルでも、商品やブランドは長期的に、登場人物や音楽、シチュエーションは短期的に変更することで、広告効果を高めています。

以下で紹介する実験3は、親近性選好である単純接触効果に新奇性要素を付加することで、その効果をより増進させることを示したものです。

刺激反復提示時　　刺激評定時

図 2-3　呈示画面の例（松田ら，2014を著者一部改変）

A　実験3[17]――背景変化による新奇性付加研究

前述のように、刺激への反復接触によって当該刺激への好意度が高まる一方で、過度な接触はかえって刺激への心的飽和を生じさせ、好意度の上昇が抑制されます[6]。本実験では、刺激の反復接触時の背景画像を操作して新奇性を付加することで、刺激反復提示による心的飽和の生起を抑えることができるかの検討を行いました。具体的には、反復提示する刺激画像の図の部分を自動車画像、地（背景）の部分を自動車が置かれている風景として適合性の高い背景、とした刺激を用いました。そして、刺激への接触時に背景情報が提示ごとに変化する条件と、毎回同じ背景が提示される条件を設定することで、形成される親近性と新奇性が主題への単純接触効果にどのような影響を及ぼすのかを検討しました。

【手続き】

大学生十八名が実験に参加しました。実験は個別に行われ、画像の反復提示と自動車への主観評定の二段階からなりました。反復提示される画像刺激は自動車と自然背景の組み合わせであり（**図2-3左**）、刺激の半数では提示回数（三回、六回、九回）ごとに毎回同じ背景情

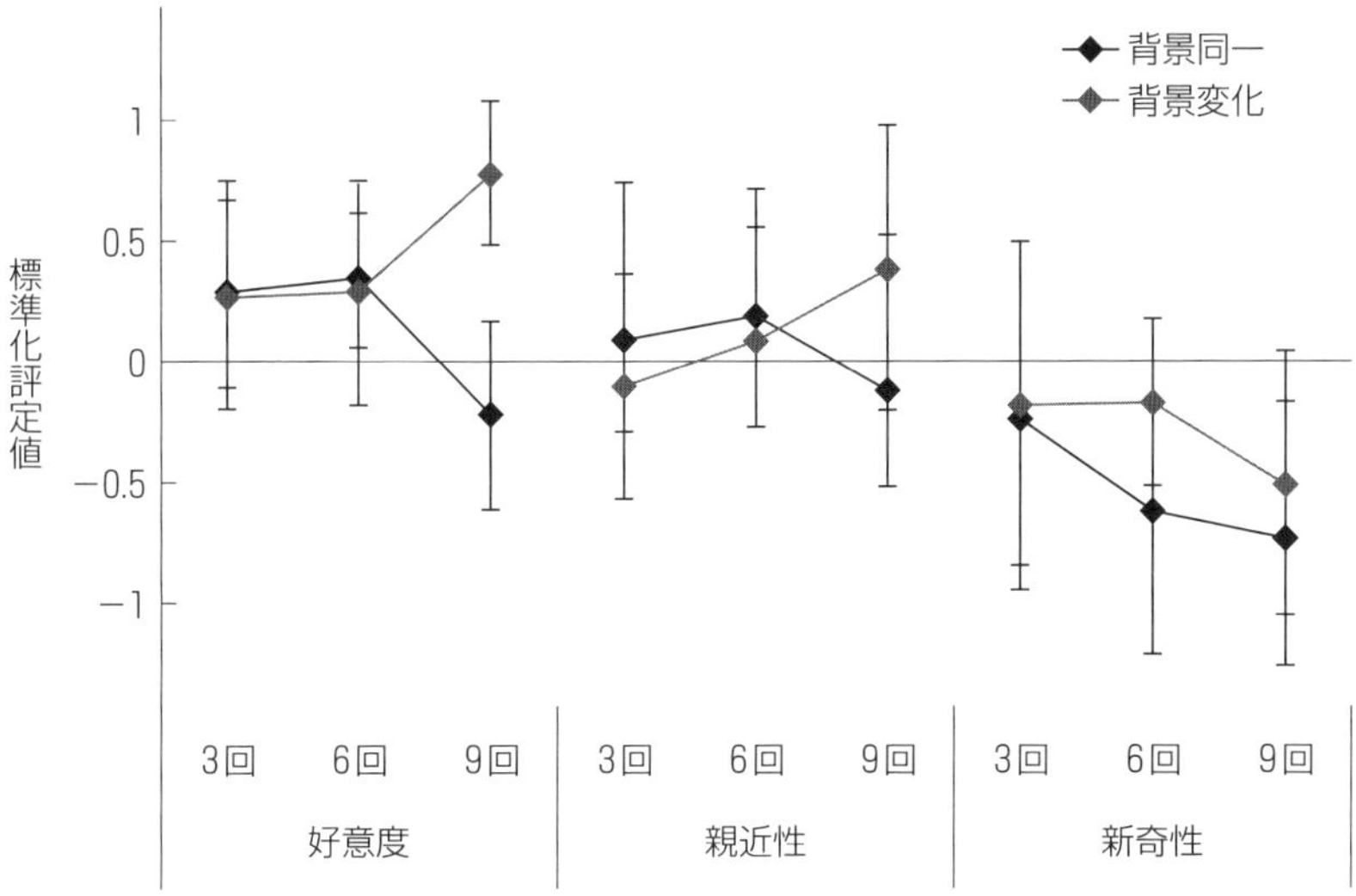

＊エラーバーは95% 信頼区間

図 2-4 背景が同一と変化させた条件における反復呈示による標準化平均評定値

（松田ら，2014）

報を提示し（背景同一条件）、もう半数では背景情報が毎回変化するように操作しました（背景変化条件）。反復接触前の自動車画像と背景への好意度（事前好意度）は、条件間で同一となるように統制しました。

評定時は自動車画像のみを提示し（**図2-3右**）、自動車に対する事後好意度（反復接触後の好意度）、親近性、新奇性の各評定を七段階で求めました。

【分析結果】

全参加者の評定平均値の標準偏差の幅に〇・九〇〜二・八三のバラつきがあったため、参加者別に全条件の平均値と標準偏差を用いて、標準得点（z得点）を求めました（**図2-4**）。

各標準化評定値に対して、接触時の背景（変化あり、変化なし）と、提示回数（三回、六回、九回）を要因とした二要因分散分析を行ったところ、事後好意度評定値では背景の主効果（$F(1, 17) = 6.27, p = .023$）と、背景と提示回数の交互作用が有意（$F(2, 34) = 6.47, p = .004$）でした。接触時の背景変化なし条件では反復提示によって好意度が低下する一方で、背景変化あり条件では好意度が上昇する結果となりました。親近性評定値は統計的な効果は得られませんでしたが、グラフの傾向を見る限りでは好意度と同様の変化が見られ、好意度評定値との間には高い相関が得られました（$r = .859$）。新奇性評定値では、提示回数の主効果が有意傾向（$F(2, 34) = 2.59, p = .090$）でした。背景変化によって新奇性を付与した条件であっても、刺激反復提示によって新奇性評定値が低下する結果となりました。

【考察】

反復提示時に背景の変化がない条件では、同一刺激の反復提示による心的飽和（飽き）が生じて、事後好意度と新奇性が低下しました。それに対して変化あり条件では、背景変化による新奇性の付与が反復接触による心的飽和を抑制して、親近性と好意度が向上する結果となりました。背景が変化する九回提示条件において好意度が最も高かったことから、刺激への好意度を上昇させる親近性と新奇性の関係性として、反復接触による親近性の増大と背景変化による新奇性の付加が重要であることが示唆されました。先行研究でも、刺激の親近性の上昇が好意度に誤帰属されること（知覚的流暢性の誤帰属説[19]）や、同一刺激の好意度は過度の提示により一定になること[19]、刺激に対する快さを得るには、刺激への親近性の中にもある程度の新奇性を内包させる必要があることが示されています[20]。

3　能動性と関与

Webページ上の情報ではバナー広告への注意が向きにくいという、banner blindness効果[2]が報告されています。先述の実験1では、選択的注意が向けられたバナー広告への単純接触効果を確認しましたが、そこではどのような視覚表現を行えば広告への選択的注意を喚起させるかの検討が、行われていませんでした。

そこで、実験4では動画バナー広告を想定し、広告内を移動する商品画像の大きさと速度、移動方向を操作して、どのような広告であれば情報探索動機が喚起されて広告効果が高まるかの検討を行いました。

実験5では、刺激運動の複雑さと、それによって喚起される生物性の認知に注目しました。提示された刺激が生物のように感じられれば刺激への能動的注視が生じ、それによって刺激への好意的反応が上昇すると仮定して、実験を行いました。具体的には、運動刺激の移動方向の変化回数と変化タイミング、移動の加速度を操作して、刺激への複雑性や生物性、好意度などの評価を求めました。

実験6では、刺激への能動的な情報処理について検討しました。PettyとCacioppo[21]の提唱した精緻化見込みモデルによると、ヒトは情報を処理しようという動機や能力がある場合には中心的な情報を精緻化し、その精緻化された情報による中心ルートをたどった態度変容が起こります。一方、動機や能力が低い場合には、情報の信憑性や魅力といった周辺情報による周辺ルートをたどった態度変容が起こると考えられています。そこで実験6では、参加者に情報探索や商品評価の動機が高い高考慮商品カテゴリーと、動機が低い低考慮商品カテゴリーの広告を提示し、参加者の商品評価が広告内に提示された中心情報と周辺情報に、それぞれどの程度影響を受けるのかを検討しました。

A　実験4[11・22]――動画バナーを用いた広告への能動性研究

参加者の選択的注意を高めるために、動画バナー広告を用いました。先行研究によっても、画面の動きや華麗さが広告への注意に影響して広告記憶を高めることが[11]示されています。また、Shimojoら[24]は、ヒトは好意を持つ対象に注意が向くのみならず、注意を向けた対象を好きになる、という双方向因果の存在を示しています。対象の運動およびその方向に関する先行研究として、動画像における運動方向について上方向の運動が肯定的心理効果を持つことや[25]、認知言語学の分野において、上下の方向性が社会的概念や抽象概念の理解を促進させることも[26]示されています。

そこで、動画バナー広告における商品画像の大きさと移動速度、運動方向が、広告内で提示された商品への印象に与える影響を検討しました。

【手続き】

大学生二十名が実験に参加しました。バナー広告は、通常Webページで用いられている大きさである300×250pxで作成しました。商品画像は架空のカップ麺であり、バナー広告内を等速で移動しました。画像の大きさと移動速度の操作は、移動速度を速度三・七五に固定して広告画像の大きさを50×50pxと250×250pxの二段階に設定した条件（条件①）と、画像の大きさを200px×200pxに固定して移動速度を〇・七五と四・七五の二段階に設定した条件（条件②）の二種類を用意しました。移動速度の数値は一フレームに移動するピクセル数であり、フレームレートは60fpsでした。商品画像の移動方向は四十五度刻みの八方向でした。

実験は個別に行われ、参加者がバナー広告をクリックすると商品画像が提示され、続けて提示された商品に

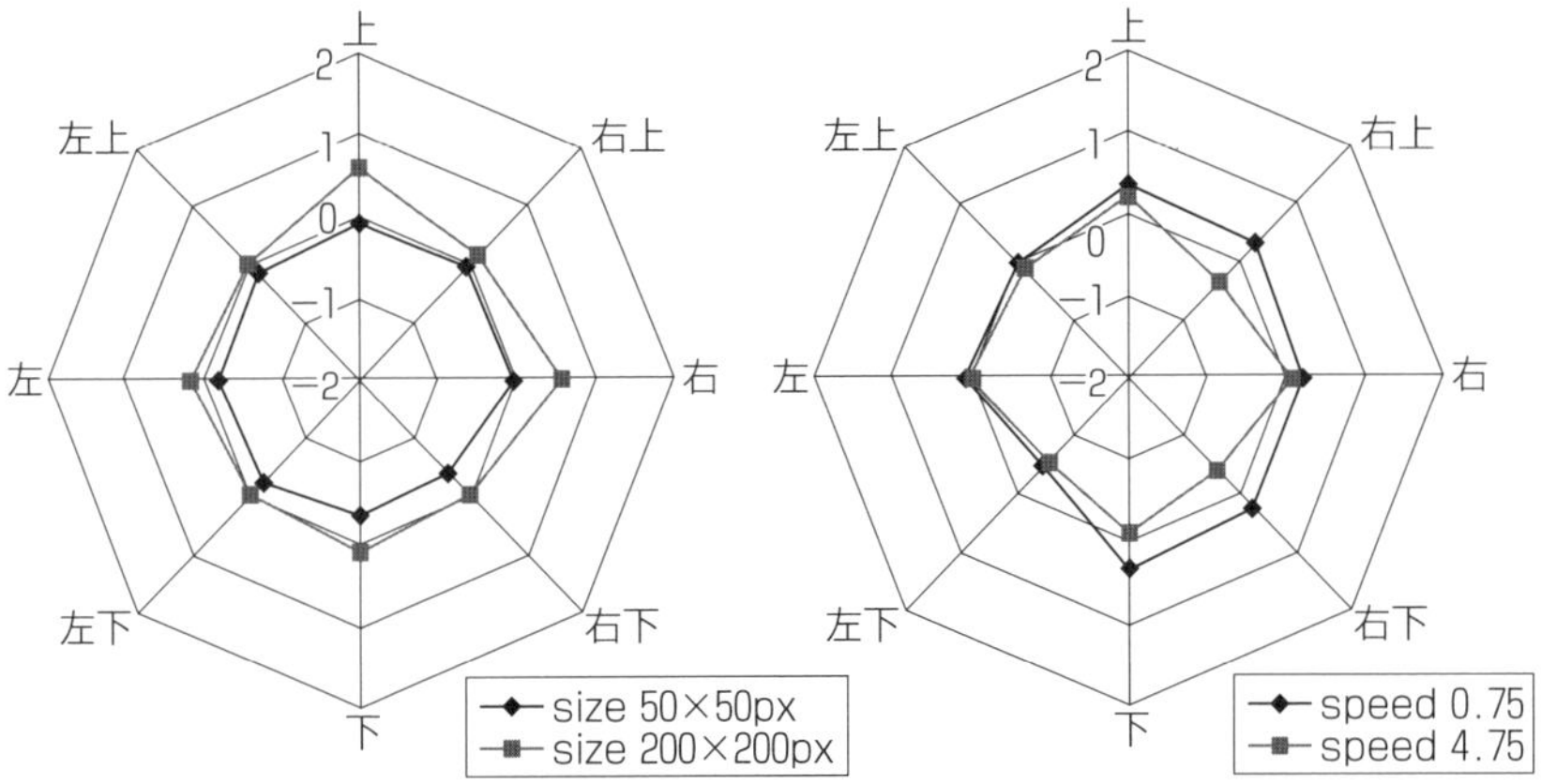

図 2-5　標準化好意度評定値（Matsuda et al., 2010を著者一部改変）

対する視認性、好意度、関心度、購買意図を七段階で、記憶の残りやすさ、情報探査動機を二段階で、それぞれ評定を求めました。

【分析結果】

得られた各尺度のデータを標準化して（**図2-5**）、商品画像の大きさと移動速度を要因とした分散分析を行いました。好意度では、条件①と条件②の両方で方向の主効果が有意であり（$F(7, 19) = 2.80, 3.76$; $ps < .001$）、中でも右方向への運動に対する好意が高いことが示されました。同様に、情報探査（条件①と②）と購買意図（条件①と②）、関心度（条件②）に方向の効果が見られ、特に右方向と上方向に有意の傾向が見られたことから、参加者は右方向や上方向の運動に対してポジティブな印象を持ったと言えます。

また、大きさについては、より大きいものに対して方向の影響が強く見られ、移動速度については、より遅い速度のほうが運動方向の影響が見られました。

【考察】

動画バナー広告の商品画像の大きさと移動速度、運動方向を操作し、商品評価に及ぼす影響を検討しました。その結果、以下の三点が明らかとなりました。

第一に、商品画像の大きさが大きいほど、画像の視認性や記憶、商品への関心度が高まりました。大きな商品画像はインパクトがあり、情報の差別化につながったと考えます。情報の得やすさにもつながることから、購買意図や情報探索動機の高まりも見られました。ポスターのような紙媒体の広告デザインでは、従来は文字や写真といったエレメントを小さくして余白をとるような技法が用いられてきましたが、動画バナー広告においてこの技法は、あまり有効ではないようです。

第二に、商品画像の移動速度は、好意度と購買意図ではやや遅いか、または中間の速度のときに高い評価が得られ、記憶の残りやすさでは遅い速度ほど高い評価でした。しかし、大きさや移動方向といった他の要因と比較して、広告効果に与える影響は小さいものでした。実験4では一定方向への等速運動を提示しましたが、実際の動画バナー広告には、加速や減速といった効果を加えることが可能です。そのため、後述する実験5では、刺激の移動時に加減速の操作を加えた条件でも検討を行っています。

第三に、商品画像の移動方向では、右方向や上方向への運動に対して評価が高くなる傾向が示されました。特に好意度については、画像の大きさや移動速度よりも運動方向の効果が大きかったです。これにはイメージスキーマの概念の関与が考えられます。Johnson[27]によると、多い-少ない、幸福-不幸などの概念は、上-下の空間的表現へとメタファー的に投射されます。上方向への垂直性イメージスキーマの持つ基本感情の概念は、ポジティブな表現（喜び、希望、愛）が多いことから[28]、動画バナー広告においても、エレメントに上方向、右方向への運動を加えることで、より高い広告効果を得ることができると考えます。

B　実験5[29]――生物性認知による能動性喚起研究

Shimojoら[24]は、二つの刺激を提示して、魅力性の判断を行っている間の観察者の目の動きを計測したところ、観察者が結果的に選択した刺激への視線の偏りが、選択意思決定前から生じていることを示しました。視線を向けることそれ自体が、選好決定の一つの要因であると言えます。ここから、実験者側の何らかの操作によって観察者に能動的な視線偏移を行わせることができれば、それが選好に影響する可能性が考えられます。

本章の実験1では、選択的注意が向けられたバナー広告の商品評価が高いことが示されました。ここでは静止画のバナー広告を提示刺激として使用しましたが、近年のインターネット環境やPCの高速化を踏まえ、実験4では提示刺激に動画バナーを導入して、ユーザーに動画バナー広告への注意を喚起させて広告効果を高める有効なデザイン（運動方向、大きさ、速度）を検討しました。その結果、バナー広告内を移動する商品画像が大きい場合や、移動方向が右や上方向である場合に、高い広告効果が得られることが明らかとなりました。しかし、ここでの物体はすべて等速直線運動であったことから、軌跡の予測が容易であり、十分な選択的注意および視線探査が行われていない可能性が残されました。物体の複雑な運動が、運動対象への選択的注意と視線探査を喚起し、対象への評価向上につながることが考えられます。

ここでわれわれは、生物性（animacy）認知に注目しました。生物性認知とは、たとえ対象が無生物であったとしても、動きのなかから生物らしい動きを見つけ、既知の生物と照合することを指します[30]。龍輪[31]によると、二つの動く対象刺激のうち、参加者はより複雑で生物性が高い動きをする対象のほうを意識します。ここから、生物性が高い対象には、より選択的注意が向きやすいことが考えられます。

そこで実験5では、物体が複雑かつ生物的な運動をすることで、ユーザーが能動的に注視し、対象物体への

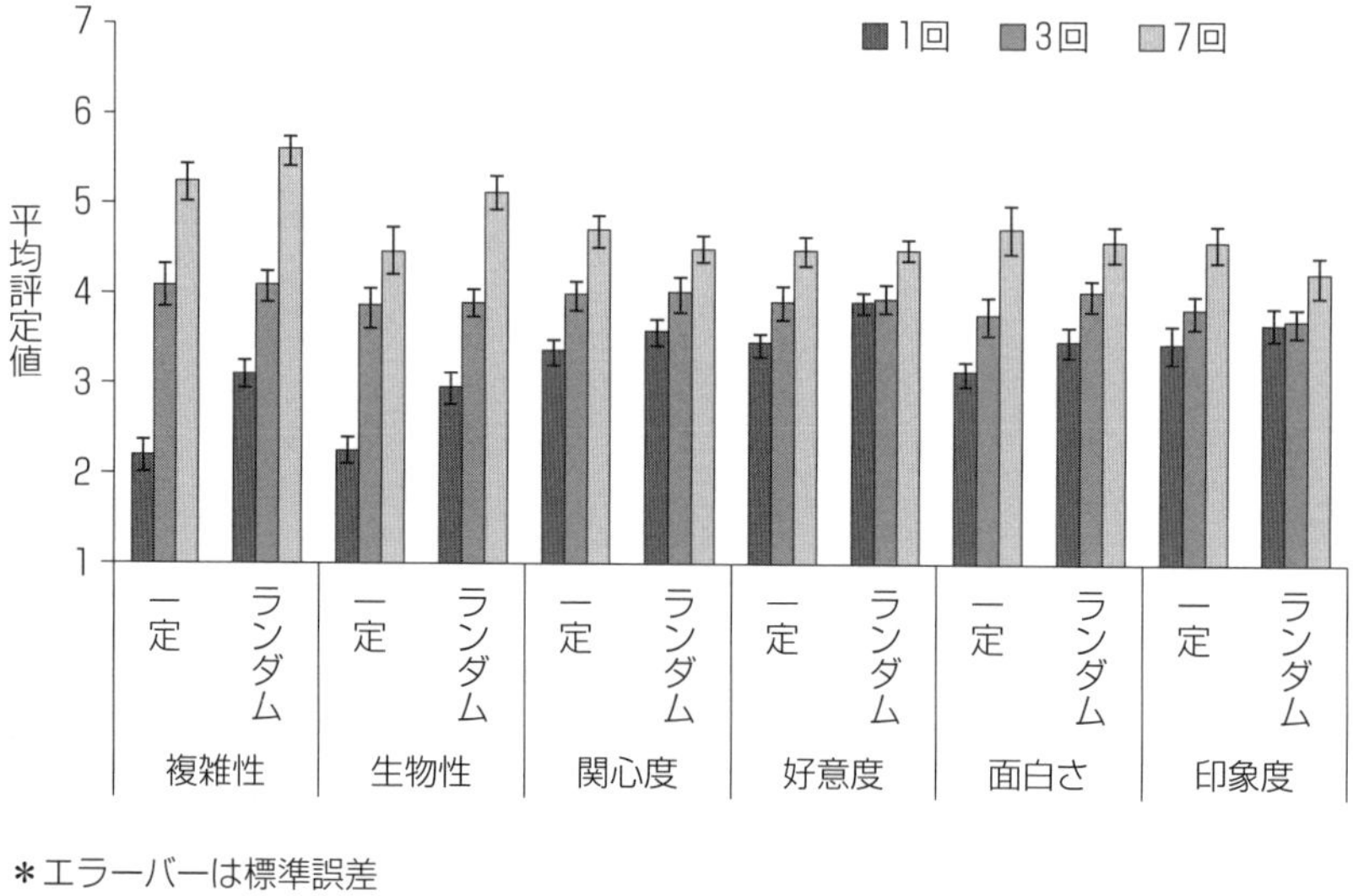

図 2-6　変化タイミングと変化回数が運動物体への評価に及ぼす影響（松田ら，2013）

評価が上昇するかを検討しました。実験5-1では、対象の運動の変化回数と変化タイミングの違いが、実験参加者に及ぼす影響を検討しました。実験5-2では、実験5-1の要因に加速度を加えて、同様に検討を行いました。

【実験5-1――変化回数と変化タイミングによる検討】

大学生十六名が実験に参加しました。刺激の提示には二十七インチの液晶モニタ（解像度が1920×1080px、応答速度が2.0ms）を用いました。提示画面の背景色は白とし、画面内を移動する刺激は直径50px（視角約1.2arc deg）の白い黒縁の円でした。刺激の提示時間は八秒であり、運動のパターンとして、等速直線運動する刺激を移動方向が上下左右斜めの八方向で、提示時間内に一、三、七回変化するように設定しました。変化タイミングは一定とランダムの二種類でした。変化タイミングが一定の場合、変化回数一回は四秒後に、三回は二秒ごとに、七回では一秒ごとに変化するように設定しました。

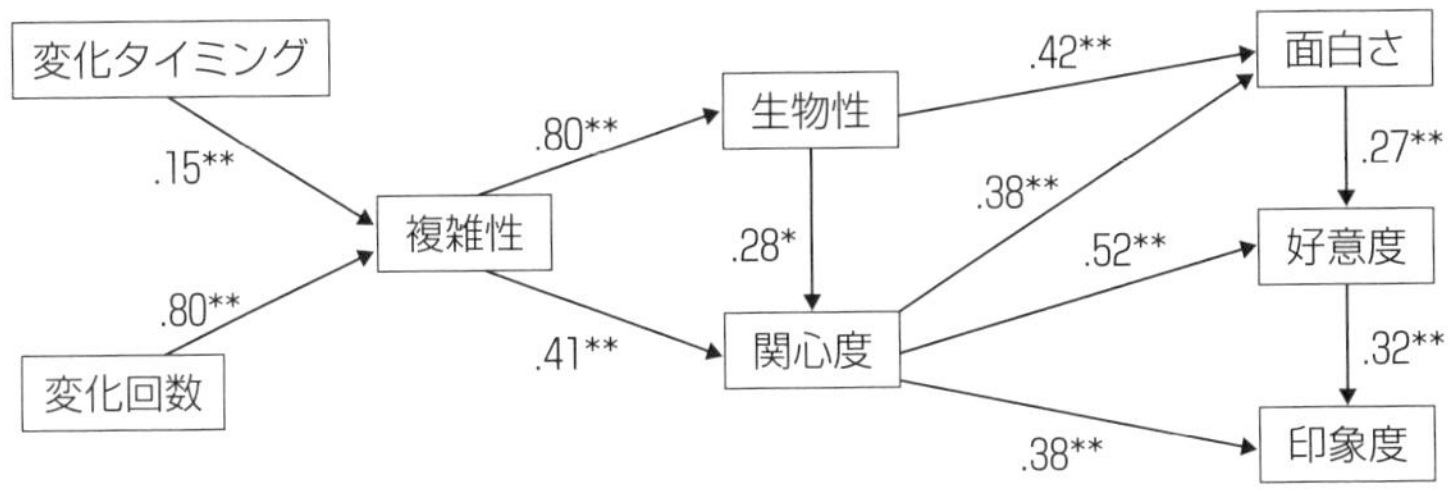

＊数値は標準化パス係数。*: $p<.05$,　**: $p<.01$

図 2-7　運動物体への生物性認知が好意度形成に至る過程（松田ら，2013）

実験は個別に行われました。参加者には注視点が一秒間提示された後に、移動刺激が八秒間提示されました。刺激提示後に、参加者には刺激に対する複雑性と生物性、関心度、好意度、面白さ、印象度の各評定を、七段階で求めました。次の刺激への切り替えは、評定後にEnterキーを押すと、次の移動刺激が提示されました。

実験結果（**図2-6**）に対して、変化回数と変化タイミングを要因とする分散分析を行ったところ、全尺度で変化回数の主効果が有意であり、変化する回数が多いほど評価値が上昇しました。また、複雑性と生物性評定については、変化回数と変化タイミングの交互作用が有意であり（$Fs(2, 30) = 4.86, 3.70; ps = .015, .037$）、変化タイミングがランダムのほうが、一定である場合よりも評定値が高くなりました。一方で、好意度と印象度は、変化タイミングが一定のほうがランダムに変化するよりも評定値の変化率が高かったです。これは、不規則な動きは、変化回数が少なくても軌道の予測のつかなさから参加者の情報探索動機が高まり、刺激への能動性が出ることで、好意度に影響したのではないかと考えています。

続いてパス解析を行ったところ、刺激運動方向の変化回数と変化タイミングによって運動の複雑性が高まることで、生物性が認知され、関心度を介在して刺激への好意度や印象度などが高められることが示されました（**図2-7**）。この結果は、生物性が好意度や印象度に先行する原因変数であることを示しています。

以上より、複雑性が増すことに比例して生物性が増加することと、複雑性と生物性の上昇が他の尺度に促進効果を持つことが示唆されました。Simion と Shimojo[32]、Shimojo ら[24]は、二刺激の比較中に生じた視線の偏りが刺激に対する選好を高める、gaze cascade 効果を提唱しました。実験5-1の結果は、複雑な運動への生物性認知によって喚起される刺激への能動的視線追従によって、刺激への選好が生じる可能性を示すものです。

【実験5-2――変化回数と変化タイミング、加速度による検討】

大学生十六名が実験に参加しました。実験は、加速度（加速、減速、加速減速混合）の要因を追加した以外は、実験5-1の手続きと同様に行われました。

実験の結果、すべての尺度で変化回数の主効果が有意であり、変化する回数が多いほど評価値の上昇が見られました。変化タイミングは、ランダムのほうが一定よりも評定値が高く、加速、減速、加速減速混合の順で評定値が上昇しました。減速条件の評定値が加速条件と比較して高かった理由について、加速条件では運動方向が変化するたびに刺激がいったん停止し、そこから徐々に速度が増していきました。それに対して、減速条件では初速から負の加速度がかかって次の方向変化時に停止しました。つまり、加速条件は方向変化時に視線の停留時間が長く、それに対して減速条件では視線が刺激の動きに一時追従できず、その後追尾に移行することになるために、減速条件のほうが加速条件よりも移動刺激への能動性が高くなったと推察されます。

実験5-1では、変化回数のみで評定値の大きな上昇が見られましたが、実験5-2では他の二つの要因でも大きく上昇しました。複雑性では、特に三つの要因の効果が強く、生物性においても同様でした。これらの結果は、複雑性の増加による生物性認知の喚起が、われわれの興味や好意を持つという行為に内在している多くの要因、たとえば記憶や経験に作用している可能性を示唆しています。

【考察】

実験5は、複雑な運動をする刺激への生物性認知が、刺激への能動的注視を喚起させ、選好を高めるかの検討を行いました。実験5-1では移動刺激の変化回数と変化タイミングを操作し、実験5-2ではそこに加速度の条件を追加しました。

実験結果より、変化タイミングが一定よりも、より予測が困難なランダム変化条件で、また変化回数の上昇に伴って、複雑性と生物性の評価が上昇しました。それとともに、同刺激への好意度や面白さといった評価が上昇しました。加速度の効果については、加速と減速が混在する複雑な動きのときに、より好意度評価が高まりました。また、加速と比較して減速のほうが、商品評価への影響が強いことが示されました。減速運動では運動開始直後の速度が最も速いことから、参加者の視線が刺激からいったん離れることで、刺激の移動に追いつこうと動機づけられたことによると考えます。以上より、複雑で生物的な動きによって、刺激に対して能動的な視覚追従が生じ、当該刺激に対する好意度が上昇したことが示唆されました。

Shimojoら、[24] SimionとShimojo[32]は、能動的な視線の変遷は、対提示された刺激の魅力度比較と刺激に興味を向けるという行為の両方に介在し、これら二つの入力による統合情報がある閾値に達することで選好が決定されるという、選好の二重起因モデルを提唱しています。実験5の結果から、単一刺激提示であっても、対象への能動的注視によって、対象への好意的な態度形成が生じる可能性が示されました。

この結果の広告への応用として、ＴＶＣＭや動画バナー広告で商品等を提示する際に、その動きに生物性要素を付加することによって、過剰な演出に頼ることなく自然な形で視線を誘導することが可能になります。

C　実験6[33]——精緻化見込みモデルを用いた商品関与度研究

実験1では、バナー広告の反復提示によって、当該商品の知識表象や好意度の形成、購買意図が促進されることが示されました。しかし、使用したバナー広告は商品画像と商品名のみが表示されており、具体的な商品内容の情報が欠如していました。商品カテゴリー（食品、日用品、医薬品）も、Assael[34]の分類によると、情報探索動機が喚起されにくい低考慮商品でした。そのため、より詳細な商品情報（商品属性）を伴った広告の提示が商品評価に及ぼす影響を、検討していく必要があります。精緻化見込みモデル[22]より、低考慮商品では、実験1で示されたように商品名の典型性のような周辺情報により説得されやすくなる一方で、高考慮商品では、商品属性のような中心情報の影響も強いのではないかと予想されます。

そこで実験6では、広告の中心情報を商品属性（ポジティブ・ネガティブ）とし、周辺情報を商品名の典型性（高典型・低典型）として操作し、情報探索や商品評価動機が強い高考慮商品と、動機が比較的弱い低考慮商品において、中心情報と周辺情報が商品評価に及ぼす影響を検討しました。

【手続き】

大学生三十名が実験に参加しました。参加者に提示する架空のHP（ホームページ）に掲載する商品には、高考慮商品としてテレビとPC、低考慮商品としてレトルトカレーとペットボトルのお茶を選出しました。広告には中心情報として商品属性を、周辺情報として商品名を記載しました。商品属性は広告に六つ記載され、プラスの商品特徴五つとプラスでない商品特徴一つからなるポジティブ属性条件と、プラスの商品特徴が一つとそれほどプラスでない商品特徴五つからなるネガティブ属性条件を設定しました。商品名は、それぞれの商品において、その商品の名称としてありそうな高典型条件と、ありそうではない低典型条件を設定しました。

実験は個別に行い、ＨＰへの接触、再生課題、商品評価、操作チェックの五段階を行いました。まず参加者には、架空の商品を紹介するＨＰを提示しました。再生課題は、ＨＰに記載された商品の名称についての再生を求めました。商品評価は、ＨＰ上の商品について、安心感と好意度、購買意図を九段階で評定を求めました。操作チェックは、提示した商品名の典型性と属性についての九段階評定でした。

【分析結果】

安心感と好意度、購買意図の各尺度に対して、商品考慮度と商品名の典型性、属性を要因とした分散分析を行いました。その結果、安心感と好意度、購買意図の各評定尺度において、商品名の典型性の主効果（$Fs(1, 29) = 15.69, 8.35, 15.84; ps < .001, = .007, < .001$）と、商品属性の主効果（$Fs(1, 29) = 113.07, 64.24, 192.14; ps < .001$）が、それぞれ有意でした。考慮度と商品属性の交互作用は、安心感と好意度で有意傾向であり、購買意図において有意でした（$Fs(1, 29) = 3.34, 3.71, 6.84; ps = .078, .064, .014$）。また、購買意図において、考慮度と商品名典型性の交互作用が有意傾向であり（$F(1, 29) = 3.31, p = .079$）、商品考慮度と商品属性と商品名の典型性の交互作用が有意でした（$F(1, 29) = 4.81, p = .036$）。高考慮商品と低考慮商品の両方で、商品名の典型性が高く、属性がポジティブのほうが商品への評価が高いことが示されました。特に、高考慮商品のほうが商品属性の効果が高く、低考慮商品のほうが商品名の効果が高い結果となりました。

再生課題について、商品考慮度と商品名の典型性を要因とした分散分析を行ったところ、考慮度と商品名の主効果が有意でした（$Fs(1, 29) = 20.92, 13.36; ps < .001$）。高考慮と低考慮の両商品において、典型性の高い商品名のほうが再生数が多く、さらに考慮度が低いほうが再生が容易でした。参加者の商品名への注目度は、高考慮商品と比べて低考慮商品のほうが高いことが示唆されました。

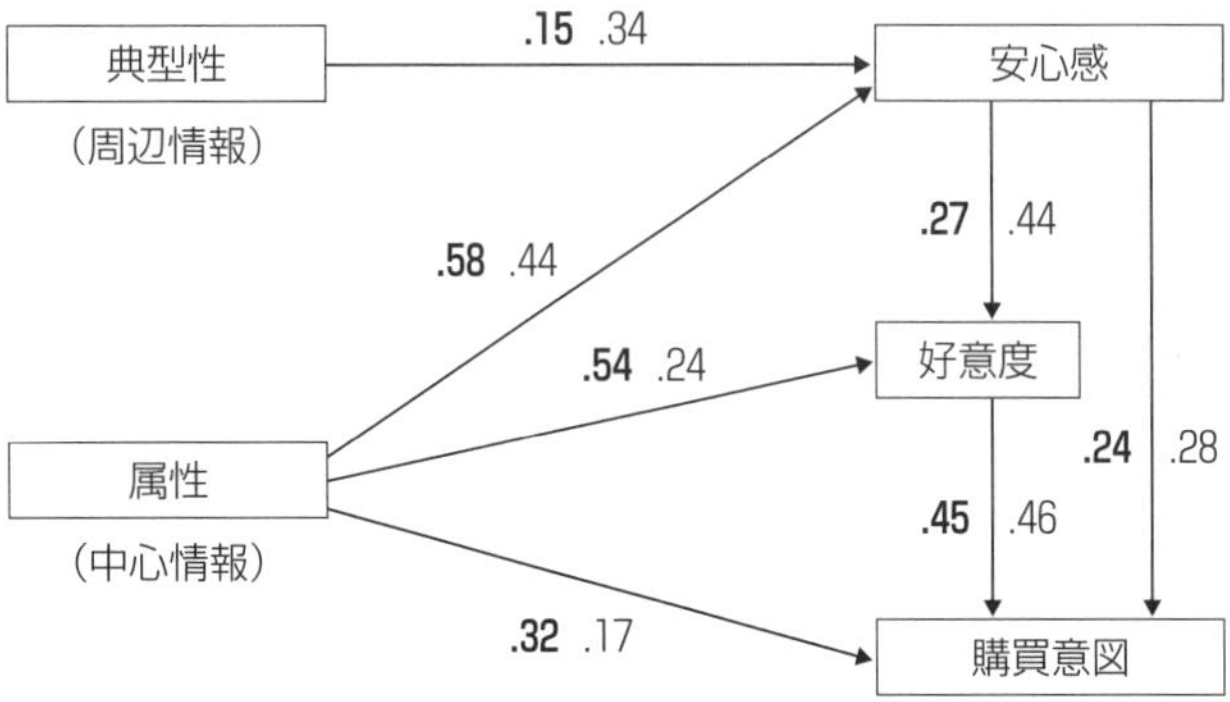

＊数値は標準化偏回帰係数（太字：高考慮商品，細字：低考慮商品）

図 2-8　中心-周辺情報が好意度と購買欲に及ぼす効果のパス図

（松田ら，2004を著者一部改変）

さらに、商品名の典型度と商品属性が商品評価に及ぼす影響を検討するために、高考慮と低考慮の商品ごとにパス解析を行いました（**図2-8**）。その結果、商品評価に影響を及ぼす要素として、高考慮商品は商品属性の効果が高く、低考慮商品は商品名の典型性の効果が高いことが示されました。また、商品属性は安心感、好意度、購買意図のすべてに直接効果を持つ一方で、商品名の典型性は、安心感を媒介して好意や購買意図に影響を及ぼすことが示されました。

【考察】

実験6は、広告の中心情報を商品属性、周辺情報として商品名の典型性を操作して、それらが商品評価に及ぼす影響を検討することを目的としました。その結果、高考慮と低考慮の両商品で、商品属性と商品名の典型性の双方の効果が見られましたが、高考慮商品では商品属性が、低考慮商品では商品名の典型性が、それぞれ優位に商品評価に影響を及ぼしていました。

高考慮商品では、中心情報のみならず、周辺要素の違いも商品評価に影響を及ぼしていました。この結果は精緻化見込みモデルとは矛盾しますが、同様の結果は、ブランド購入に関する先行研究[35]でも報告されています。情報処理動機が強いときには、中心情報に限らず、より広範囲な情報処理が行われている可能性があります[36]。低考慮商品においても、周辺情報とともに中心情報が商品評価に影響を与える結果となりましたが、ここでは学習時の方向づけ課題が、参加者の情報処理への動機を高めた可能性が考えられます。そのため、イメージ広告の多い低考慮商品であっても、広告への能動性を高めて情報処理動機を喚起させれば、より詳細な商品属性の効果も高まることが考えられます。

商品名の典型性に関して、高考慮商品と低考慮商品において、典型的な商品名ほど商品評価が高くなりました。この結果は低考慮商品を用いた実験1の結果を支持するとともに、この結果が高考慮商品でも見られること、商品属性情報の有無にかかわらず生じる効果であることが示されました。しかしパス解析の結果から、商品名の典型性からの直接効果が見られたのは安心感のみであり、このことから典型性の好意度や購買意図への影響は、安心感を経由しての間接的なものであることが示唆されます。

4　まとめ

本章では、視覚・聴覚情報の単純接触効果や新奇性選好、能動的関与、生物性認知、精緻化見込みモデル、動機づけといった認知心理学や社会心理学的なトピックが広告効果に及ぼす影響について、これまでに筆者が行ってきた一連の研究を中心に紹介してきました。

広告を含むマーケティング戦略は経営学の文脈で語られることが多いのですが、経営学は経済学と心理学、社会学をその理論的背景として持っていると言われており[37]、近年ではとりわけ認知心理学的な見地に立った研究が増加しています。そのなかでも特に、ヒトの認知の限界や判断の非合理性などに焦点を当てた行動経済学が、非常に注目を集めています。ほかにも、ダイバーシティが叫ばれる昨今の組織のなかで重要視されているトランザクティブメモリーや、イノベーションを起こすための形式知や暗黙知の役割なども、盛んに取り上げられています。

マーケティングには広報（Promotion）のほかにも、製品（Product）や価格（Price）、流通（Placement）といった要素があり、これらを総称して4Pと呼ばれますが、製品を作ったり使ったりするのも、価格を決めるのも、その価格を見て高い（あるいは安い）と感じるのも、結局のところすべて人間です。そのため、マーケティングを理解することはすなわち人間を理解することと同義であり、認知心理学の知見は人間理解を深めるための重要なツールとなりうるでしょう。

【付記】

本章で紹介した六つの実験は、下記の文献より引用しました。

○実験1——松田憲・平岡斉士・杉森絵里子・楠見孝（2007）「バナー広告への単純接触が商品評価と購買意図に及ぼす効果」『認知科学』一四巻、一三三−一五四頁の実験2より引用。
○実験2——松田憲・楠見孝・山田十永・西武雄（2006）「サウンドロゴの反復呈示とメロディの親近性が商品評価に及ぼす効果」『認知心理学研究』四巻、一−一三頁の実験2より引用。本文中で紹介したプレテストは、引用元の実験1に相当します。
○実験3——松田憲・楠見孝・細見直宏・長篤志・三池秀敏（2014）「選好に及ぼす呈示回数と背景の影響——車と風景画像を用いた検討」『心理学研究』八五巻、二四〇−二四七頁より引用。
○実験4——Matsuda, K., Kinoshita, T., & Goto K. (2010) The effects of the size and movement of product pictures appearing on animated banner advertisements. In K. Miura & T. Kawabe (Eds.), *Proceedings of the 3rd International Workshop on Kansei*, pp.243-246. のExperiment 2より引用。
○実験5——松田憲・楠見孝・小林剛史・一川誠・興梠盛剛・黒川正弘（2013）「物体運動の速度変化とランダム性が能動的注視と選好形成に及ぼす効果」『認知心理学研究』一〇巻、一三三−一五〇頁の実験1Aと実験1Bより引用。
○実験6——松田憲・楠見孝・鈴木和将（2004）「広告の商品属性と商品名典型性が感性判断と購買欲に及ぼす効果」『認知心理

学研究』一巻、一-一二頁より引用。

【引用文献】

(1) ファンデンボスG. R. 監修、繁枡算男・四本裕子監訳（2013）『APA心理学大辞典』培風館、六八五頁、九〇九頁

(2) weblio 辞典「広告用語辞典」[https://www.weblio.jp/content/advertisement]

(3) Shimp, T. A. (1981) Attitude toward the ad as a mediator of consumer brand choice. *Journal of Advertising*, **10**, 9-15.

(4) Janiszewski, C. (1993) Preattentive mere exposure effects. *Journal of Consumer Research*, **20**, 376-392.

(5) Zajonc, R. B. (1968) Attitudinal effects of mere exposure. *Journal of Personality and Social Psychology Monograph*, **9**, 1-27.

(6) 八木善彦・菊池正（2007）「閾下単純接触効果における接触回数の影響」『日本心理学会第71回大会発表論文集』六〇一頁

(7) Bornstein, R. F., Kale, A. R., & Cornell, K. R. (1990) Boredom as a limiting condition on the mere exposure effect. *Journal of Personality and Social Psychology*, **58**, 791-800.

(8) 松田憲・平岡斉士・杉森絵里子・楠見孝（2007）「バナー広告への単純接触が商品評価と購買意図に及ぼす効果」『認知科学』一四巻、一三三-一五四頁

(9) Rosch, E. (1975) Cognitive representation of semantic categories. *Journal of Experimental Psychology: General*, **104**, 192-233.

(10) Benway, J. P. (1999) Banner blindness: What searching users notice and do not notice on the World Wide Web. *Dissertation Abstract International: Section B: The Science & Engineering*, **60**, 1695.

(11) 松田憲・楠見孝・山田十永・西武雄（2006）「サウンドロゴの反復呈示とメロディの親近性が商品評価に及ぼす効果」『認知心理学研究』四巻、一-一三頁

(12) Wallace, W. T. (1994) Memory for music: Effect of melody on recall of text. *Journal of Experimental Psychology: Learning, Memory, and Cognition*, **20**, 1471-1485.

(13) Jacoby, L. L. & Kelly, C. M. (1987) Unconscious influences of memory for prior events. *Personality and Social Psychology Bulletin*, **13**, 314-336.

(14) 下條信輔（2008）『サブリミナル・インパクト――情動と潜在認知の現代』筑摩書房

(15) Park, J., Shimojo, E., & Shimojo, S. (2010) Roles of familiarity and novelty in visual preference judgments are

segregated across object categories. *Proceedings of the National Academy of Sciences of the United States of America*, **107**, 14552–14555.

(16) Shimojo, E., Park, J., Lebon, L., Schleim, S., & Shimojo, S. (2007) Familiarity vs. noveity principles for preference. *Journal of Vision*, **7**, 933.

(17) 松田憲・楠見孝・細見直宏・長篤志・三池秀敏（2014）「選好に及ぼす呈示回数と背景の影響——車と風景画像を用いた検討」『心理学研究』八五巻、二四〇-二四七頁

(18) Bornstein, R. F. (1992) Subliminal mere exposure effect. In R. F. Bornstein & T. S. Pittman (Eds.), *Perception without awareness: Cognitive, clinical and social perspective*. New York: Guilford Press, pp. 191–210.

(19) Bornstein, R. F. & D′ Agostino, P. R. (1992) Stimulus recognition and the mere exposure effect. *Journal of Personality and Social Psychology*, **63**(4), 545–552.

(20) Berlyne, D. E. (1970) Novelty, complexity and hedonic value. *Perception and Psychophysics*, **8**, 279–286.

(21) Petty, R. E. & Cacioppo, J. T. (1986) The elaboration likelihood model of persuasion. In L. Berkowitz (Ed.), *Advances in experimental social psychology. vol.19*. Academic Press, pp. 123–205.

(22) Matsuda, K., Kinoshita,T., & Goto, K. (2010) The effects of the size and movement of product pictures appearing on animated banner advertisements. In K. Miura & T. Kawabe (Eds.), *Proceedings of the 3rd International Workshop on Kansei*, pp. 243–246.

(23) Cho, C, Lee, J., & Tharp, M. (2001) Different force-exposure levels to banner advertisements. *Journal of Advertising Research*, **41**, 45–6.

(24) Shimojo, S., Simion, C., Shimojo, E., & Scheier, C. (2003) Gaze bias both reflects and influences preference. *Nature Neuroscience*, **12**, 1317–1322.

(25) 木下武志・一川誠・水上嘉樹（2002）「3次元CG動画像と心理効果——運動方向についての要因の検討」*VISION* 一四巻、一四三-一四九頁

(26) Lakoff, G. & Johnson, M. (1980) *Metaphors we live by*. University of Chicago Press.

(27) Johnson, M. (1987) *The body in the mind: The bodily basis of meaning, imagination, and reason*. The University of Chicago Press.

(28) Kusumi, T. (2003) Image schemas of emotions in drawings and metaphors: The universality and cultural specificity.

Kyoto University International Symposia, Michigan, IL.
（29）松田憲・楠見孝・小林剛史・一川誠・興梠盛剛・黒川正弘（2013）「物体運動の速度変化とランダム性が能動的注視と選好形成に及ぼす効果」『認知心理学研究』一〇巻、一三三-一五〇頁
（30）吉村浩一（2005）「心理学研究におけるデータのダイナミックな関係」『法政大学文学部紀要』五一巻、二三-三四頁
（31）龍輪飛鳥（2008）「2つの運動図形のインタラクションの知覚と心的帰属の関係」『京都大学大学院教育学研究科紀要』五四巻、二八二-二九二頁
（32）Simion, C. & Shimojo, S. (2006) Early interactions between orienting, visual sampling and decision making in facial preference. *Vision Research*, **46**, 3331-3335.
（33）松田憲・楠見孝・鈴木和将（2004）「広告の商品属性と商品名典型性が感性判断と購買欲に及ぼす効果」『認知心理学研究』一巻、一-一二頁
（34）Assael, H.（1987）*Consumer behavior and marketing action*. Kent Publishing Company.
（35）伊藤直史（1999）「ブランド再認知率」を高めるネーミング&CM表現――新製品217ケースの数量化類による分析」『広告科学』三九巻、一一三-一一八頁
（36）原奈津子（2000）「説得の受容過程における受け手のムードと周辺手がかりの影響」『就実論叢』三〇巻、一-一一頁
（37）入山章栄（2019）『世界標準の経営理論』ダイヤモンド社

第3章 視線・脳機能計測による消費者行動研究

【元木康介】

1 はじめに

従来、消費者行動は質問紙などの主観指標を用いて研究されてきました。たとえば、ある商品について「どのくらい買いたいですか?」と聞き、購買意向を何段階かの数値（「1：まったく買いたくない」～「7：非常に買いたい」など）で回答してもらうような方法です。しかし、視線計測や脳機能計測といった生理学的手法を用いることで、主観指標に頼らず消費者行動をとらえられるようになってきました。視線計測を用いることで、「いつ・どこを・どのように見ているか」を、消費者に尋ねることなく測定できます。また、脳機能計測を用いることで、質問紙に頼らずに「脳データから消費者行動を予測する」、という試みも報告されています。

このように、消費者行動研究に生理学的な手法を融合させることで、従来の手法では得られなかった知見を獲得できると期待されています。本章では、視線計測や脳機能計測を用いた消費者行動研究について概説します。

2　視線計測による消費者行動研究

「目は心の窓」「目は口ほどにものを言う」という慣用句を聞いたことがある方も多いのではないでしょうか。こうした慣用句から分かるように、目から入る視覚情報は、私たちの心理や行動と密接に関係しています[1]。企業のマーケティング活動の多くは、視覚に向けて伝達されています。消費者は、商品パッケージ・TVコマーシャル・広告などの情報を、目を通して受け取ります。消費者はこのようなマーケティングに関連した視覚刺激を、どのように処理しているのでしょうか。視線計測装置（アイトラッキング）を用いることで、消費者の視覚情報処理（いつ・どこに・どのように目が向けられているか）を調べることができます。視線計測装置を使用することで、商品棚のどこがよく見られているのか、広告を見る順番はどのようなものなのか、といったことについて知ることが可能になります。

消費者行動研究における視線データは、固視（fixation）を対象とすることが多いです。固視とは、視点がある範囲内に一定時間停留している状態です。ヒトが鮮明な解像度を得られるのは、網膜の一部である中心窩（fovea）のみです。中心窩は視野において視角約二度しかありませんが（腕を伸ばして親指を立てたときの爪の長さ程度です）、視覚情報処理において重要な役割を果たしています。そこで、消費者の視線計測においては、中心窩で見ている情報に関心が向けられます。その代表的な指標が、固視です。ソフトウェアにより異なりますが、たとえば視線停留時間、百ミリ秒以上などの基準が、固視の定義として用いられます[2]。また、固視間の素早い目の動きであるサッカード（saccade）と呼ばれる視線データもあります。サッカード中には、網膜に投影される像が不鮮明となるため、視覚情報をうまく取り入れることはできません。そのため、多くの消費者行動研究では、主な視線データとして固視を取り扱います。

視線計測装置を用いた消費者行動研究は増加しています。Google Scholar で "eye tracking" "marketing" と検索した結果、一九九七〜二〇〇〇年の期間では、約二百三十七件の研究がヒットしました。一方で、二〇一六〜二〇一九年の期間においては、約一万九百件の研究がヒットしました（二〇二〇年一月二十日アクセス）。この約二十年間において、四十倍以上も増加しています。視線計測装置を用いた消費者行動研究が増加してきている理由は、いくつか考えられます。まず一つは、視線計測装置のコストが下がってきたことです。現在では、一世紀前の約半分の価格で視線計測装置が購入可能です(3)。次に、実験参加者の負担が下がってきたことが挙げられます。古いタイプの視線計測装置では、あごひもを装着したりして頭を固定する必要があり、実験参加者の負担感が多くありました(3)。しかし、現在の視線計測装置では、頭の固定は必ずしも求められません。視線計測装置それ自体に、頭の動きを補正するプログラムが備わっているためです。たとえば代表的な視線計測装置メーカーである Tobii 社の視線計測装置には、それが備わっています。よって、実験参加者にとって負担が少ない環境となり、視線計測装置を用いた実験がしやすくなりました。

このように、価格が下がったことや、実験参加者の負担が軽減したことから、視線計測装置が消費者行動研究に使用されるようになってきました。特に近年になって、日本においても、視線計測装置による消費者行動研究がいくつか報告されています(4・5・6・7・8・9・10・11・12・13・14・15)。

消費者に商品や広告を見てもらうことは重要です。目に入らないものは手に取られないし、購買されません。どんなに魅力的な広告を出したとしても、消費者に見てもらえなければ効果は薄いままです。また、購買行動の多くは、非計画的であると考えられています(16)。つまり、一定数の消費者は何を買うか決めずに店に立ち寄り、陳列棚を見て何を購入するか決めています。よって、消費者の注意を引くことは、購買行動を喚起する前提条件として重要であると言えます。そこで取りうる戦略が、購買時点における視覚的顕著性（visual salience）を高めることです。視覚的顕著性とは、注意の引き付けやすさを意味しています。視覚的顕著性を上げて、まずはわずかな時間でも消費者に商品や広告を見てもらう必要があります。

消費者の注意を引くといっても、どの程度引けばいいのでしょうか。実は、消費者は短い時間でかなり多くの処理を行っています。消費者はたった百ミリ秒で、印刷物が広告かどうかを判別することができます[17]。また、消費者はわずか三百ミリ秒で、商品の価値を判断することができます[18]。さらに、美味しさといった食品情報も自動的に注意を引くことから、素早く情報処理がされていると考えられています[4]。

このような消費者の素早い情報処理能力を考えると、視覚的顕著性を上げて、まずはわずかな時間でも消費者に商品や広告を見てもらうことは有意義であると言えます。

消費者の視線（いつ・どこを・どのように見ているか）が分かることで、どのような利点があるのでしょうか。まず、商品や広告を見てもらうことで、より好まれるという利点があります。好きだから見るという経路もありますが、逆に見るから好きになるという経路もあります。

見ること自体が好みや判断に影響することを示唆している研究があります[19・20・21]。たとえば、下條らは、二つの選択肢の片方に視線を向けることで、その選択肢を選ぶ確率が上昇することを示しました[20]。この研究では、二つの選択肢から好きな対象を選ぶ約六百ミリ秒前から、選択する刺激上へ視線が偏り始めていました。視線を向けた商品を選びやすいという現象は、drift diffusion modelという計算論的モデルでうまく記述できます[22]。視線が向けば向くほど、その商品に対しての相対的な価値が高まっていき、ある閾値を超えたところで、行動の意思決定が行われるという考えです。また、商品を見ているときに、価値に関わる脳部位が関与しているという研究もあります[23]。広告においても、視線滞留時間と購買行動の関係が報告されています。二つの広告のうち、より視線を向けられていた広告ほど、売り上げが多くなっていました[24]。また、チラシ広告と売り上げの関係は視線が媒介しているという研究もあります。単にチラシ広告が掲載されるからではなく、チラシ広告により視線が向けられることで、売り上げにつながるということです[25]。このように、「見るから好きになる」、つまり視線を商品や広告に向けること自体が、消費者の好みや判断に影響する経路が示唆されています。

第二の利点としては、消費者の情報処理プロセスを詳細に知ることができることです。消費者の情報処理プロセスとは、広告のどこを始めに見て、次にどの部分を見たか、ブランドロゴには視線が向いていたか、といった情報です。質問紙のような主観指標を用いて消費者の情報処理プロセスをとらえようとすると、時間軸に沿った詳細な回答を得ることが困難です。一般的な質問紙を用いた調査では、商品パッケージや広告をすべて見た後で、質問に回答してもらう形になるためです。しかし、視線計測装置は、消費者の視覚情報処理をリアルタイムで計測できるため、主観指標に頼らずとも、消費者情報処理のプロセスを詳細に理解することが可能になります。

消費者の視線に影響する要因には、ボトムアップのものと、トップダウンのものがあります[26]。ボトムアップの要因とは、刺激自体の顕著性が高いことです。他とは区別される特徴がある刺激は目立ち、ポップアウトして視線が向けられます。一方で、トップダウンの要因とは、消費者の目標や状態です。健康的な生活を送るという目標や、感情状態は視線の向け方に影響します。

まずは、ボトムアップの要因による消費者の視線を扱った研究について説明します。これまでサイズ・色・明るさ・配置・内容など多様な視覚的要素について研究が蓄積されてきました。サイズについては、大きいものほどよく見られます。電話帳広告を用いた研究では、小さい広告より大きい広告のほうがより頻繁に見られていました[27]。広告だけではなく、栄養情報でも同様の結果が得られています。表面積が多い栄養情報ほど、早く目が向けられ、視線滞留時間が長いことが分かっています[28]。商品棚を扱った研究でも、商品の棚割りが多いほど視覚的注意を集め、結果として好ましく評価されていました[29]。消費者に目を向けてほしいときには、できるだけ大きいサイズにすればいいことが分かります。

　次に色に関しての知見を説明します。先ほど紹介した電話帳広告の研究では、白黒よりもカラーのほうが早く目が向けられ、より頻繁に見られていることが分かっています[27]。それは栄養情報でも同じでした。信号機型でカラーの栄養情報ラベルだと、少ない視線滞留時間で早い情報処理につながったという研究があります[30]。カラーの栄養情報ラベルだと色のコントラストがはっきりしており、栄養情報をより効率的に調べられるためと考えられています。さらに、色には明るさや鮮やかさといった要素があります。暗いよりも明るい色の商品が、そしてより鮮やかな商品が、それぞれ消費者の視線を引きつけることが分かっています[6・31]。目立つ色のほうが消費者の目を引くには効果的であり、情報処理も促進されるようです。

　場所も視線の向け方に影響します。棚一列に商品が置かれた場合、中央の商品が最も見られていました[32]。消費者は中央の商品が最も魅力があると考えているためかもしれません[33]。また、デフォルトの視線の位置が、棚の中央部分にあるからという可能性もあります。栄養情報に関しても、栄養情報ラベルが中央にある場合、端に比べて三〇％多くの時間、見られていました[28]。広告においても、広告の中心部が最も見られた回数が多く、その時間も長いと報告されています[34]。

　トップダウンの要因による消費者の視線を扱った研究について説明します。トップダウンの要因とは、消費者の目標（健康的な生活を送るなど）や、状態（周囲の環境との適合、感情状態など）に応じて向けられる注意です。

　van der Laan らは、健康に対する目標と消費者の視線の関係を調べました[35]。健康に対する目標は、健康志向のバナー広告またはそうではないバナー広告を、画面の上部に表示することで操作されました。健康志向のバナー広告（vs.そうではないバナー広告）が表示された場面では、実験参加者は健康的な食品（低カロリー食品）に多く視線を向ける傾向がありました。

消費者は自身の状態と一致したものに目を向ける傾向があります。Lwinらは、匂いの意味と一致する広告要素に視線が向くことを示しました[36]。たとえば、実験参加者がレモンの香りを嗅ぐと、フルーツジュースの広告のなかで特にレモンに視線が向くことを発見しました。レモンの香りと見た目は習慣的に結びついていて、そのため一致する広告要素に視線が向くのかもしれません。また、消費者の状態に及ぼす周囲の環境として、温度に着目した研究もあります。この研究では、まず実験参加者はホットパッドまたはクールパッドを着用しました。そして、次に実験参加者は視線計測装置を装着して、明るい色の商品と暗い色の商品を見ました。このとき、ホットパッドを着用した後だと、より明るい色の商品に目を向けていました[6]。この現象も、消費者の習慣に関係している可能性があります。概して、日中のほうが暖かく周囲は明るく見えます。そのため、人々は暖かさと明るさを結びつけており、周囲の温度状態に応じて視線を向ける対象が変化している可能性があります。

消費者の感情状態も視線に影響します。私たちの研究では、実験参加者に感情を伴う出来事を思い出してもらいました[5]。あるグループには怒りを感じたことを、さらに別のグループには感情的ではないことを思い出し、書き出してもらいました。そして、その後に別の実験と称して、不健康な食べ物（ポテトチップスなど）や、健康的な食べ物（ヨーグルトなど）を見てもらいました。結果として、不安なことを書き出してもらったグループは、そうでないグループと比べて、不健康な食べ物をより見ていました。Mormannらは、直前の感情が消費者の株価チャート処理に及ぼす影響を調べました[37]。実験参加者は、喜び・恐怖・ニュートラルの感情が喚起される、いずれかのビデオクリップを見ました。その後に、視線計測装置を着けて株価チャートを見ました。喜びの感情を喚起している参加者は、株価チャートで最も高値をつけている箇所に視線を向ける傾向にありました。また、恐怖の感情を喚起している参加者は、現在時点の株価を見る傾向にありました。このように、消費者の感情状態は、どの商品特性に視線を向けるかに影響します。

パッケージや広告の情報処理を調べた研究もあります[38]。Rebollarらは、消費者がどの順番でチョコレートのパッケージを見ていくかについて研究しました。消費者の多く（約九〇％）は、まず商品名を見ていました。次に、視線をパッケージに描かれた食べ物画像に動かしていました。そして、最後にその他の部分（内容量等）を見ていました。これは実験で使用されたパッケージの、各要素の表面積に沿っています。つまり、消費者はパッケージを見る際に、大きな要素から順に視線を向けていくと考えられます。

また、Rebollarらは、実験参加者はパッケージの左上から右下に視線を動かしていることを報告しています[38]。これは、本を読む際の目の動きと一致しています。広告を用いた研究では、中心部→上部→右下端という順序で、消費者の視線が動くということが分かっています[27]。広告の中で最後に見られ、かつ見られる時間が最も少ないのは、右上部端でした。また、下部に位置する広告は、しばしば見られていませんでした。バナー広告についても、Ｗｅｂページの右下部と中央下部は、多く見過ごされがちであると報告されています[39]。右上部端や下部には、重要な情報を置くべきではないと考えられます。

視線計測装置は、消費者行動を研究するうえで多くの利点がありますが、いくつか欠点があることも理解しておく必要があります。一般的に、実験環境のほうが、実験参加者は些細なものにまで集中するモチベーションが高いと考えられています。そのため、実験参加者の視線の動きは普段の状況とは異なっているかもしれません。実際、モバイル視線計測装置により実店舗での視線の動きを調べた研究では、これまでの実験環境とは異なる結果が報告されています。実店舗においては、実験室と比べて、消費者はあまり栄養ラベルに視線を向けなかったことが報告されています[40]。

次の問題は、視線計測装置で視線を計測したからといって、なぜ見ているかは分からないことです。視線計測装置で分かるのは、いつ・どこを・どのように見ているか、ということです。なぜ見ているのか、についてはアイトラッキングからは判別できません。たとえば、実験参加者があるブランドロゴを見た場合、その理由はそれだけでは分かりません。馴染み深いから、人気があるから、サイズが大きいから、色が明るいから、いろいろな（そして、それぞれ排他的ではない）考えられる理由があります。こうした、「なぜ見るか」についてアイトラッキングから得られる情報は乏しいです。質問紙や他の生理指標、そして洗練された実験デザインと組み合わせることで、視線計測データは、さらに実りのあるものになります。

視線計測装置を用いた消費者行動研究について説明しました。消費者は目立ったものを見ます。大きいサイズ、明るい色、中央の商品などです。また、消費者が何を見るかは、消費者の状態と商品の属性の両方で決まります。習慣的な経験や感情との関係性を考慮して、消費者の視線の向け方を考えていく必要があります。

3 脳機能計測による消費者行動研究

脳機能計測を用いた消費者行動研究が注目されています[41・42・43]。産業的な応用を目的とする場合にはニューロマーケティング、学術論文では消費者神経科学（Consumer Neuroscience）という呼び名が好まれているようです[44]。本項では、消費者神経科学という呼び名を用います。消費者行動研究に神経科学の手法を融合させることで、従来の手法では得られなかった消費者行動の重要な知見を獲得できると期待されています。特に本項では、神経科学的な手法による市場行動の予測に焦点を当てます。

消費者神経科学とは、脳機能計測手法を用いた消費者行動研究です。社会科学と生物学は長らく切り離されて考えられており、神経科学のアプローチを用いる社会科学者はあまりいませんでした。しかしながら、非侵襲的にヒトの認知・行動の脳機能が測定できるようになってきてから、社会科学の研究者は神経科学の手法に関心を持つようになってきました[45]。まず、九十年代後半には、認知心理学に神経科学の手法を適用した認知神経科学という領域が現れました[46]。また、二〇〇〇年代に入ってからは、社会心理学に神経科学の手法を適用した社会神経科学[47]や、実験経済学に神経科学の手法を取り入れた神経経済学と呼ばれる領域が相次いで誕生しました[48]。こうした領域は消費者行動とも密接に関わっていることから、消費者行動の研究者も、神経科学の手法に関心を持つようになってきました。そこから数年の間、消費者神経科学は神経経済学の下位区分として見なされていましたが[49]、二〇〇八年頃からは、消費者神経科学という独立した領域として扱われるようになってきています[44]。

近年になって、消費者行動やマーケティングの有力ジャーナルで、相次いで消費者神経科学の論文が掲載されています[43,50,51,52]。二〇一二年には *Journal of Consumer Psychology*、二〇一五年には *Journal of Marketing Research*、二〇一八年には *European Journal of Marketing*、二〇一九年には *Journal of Adverting Research* において、それぞれ消費者神経科学の特集号が組まれました。また、*Marketing Letters*、*Psychology and Marketing*、*Journal of Advertising*、*Consumer Psychology Review* などのジャーナルで、消費者神経科学の総説論文が発表されています。

日本においても、消費者神経科学の可能性について述べた論考や論文がいくつかあります[53,54,55,56,57,58,59,60,61,62,63,64]。また、二〇一六年にはオペレーションズ・リサーチ、二〇一七年には *Psychologia* において、消費者神経科学の特集号が組まれました。このように、海外・日本を問わず、学術界において、消費者神経科学が注目されていることがうかがえます。

脳計測手法には、主にｆＭＲＩ（機能的共鳴磁気画像法）、ＥＥＧ（脳波）、ＭＥＧ（脳磁図）、ＰＥＴ（陽電子放射断層撮影）があります。このなかでもｆＭＲＩは、脳活動推定の信頼性、時間分解能（全脳を撮像するのにかかる時間）、非侵襲性（投薬、手術行為、放射線被ばくなどを伴わない）など、さまざまな面でバランスが良いです。よって消費者神経科学の最も代表的な手法となっています。そこで本項では、ｆＭＲＩを用いた消費者行動学研究に焦点を絞ります。

ｆＭＲＩとは、ＭＲＩ装置を用いて脳が活動した部位を画像化する技術です。脳の活動部位を検出する原理は、ＢＯＬＤ信号に基づいています。ＢＯＬＤ信号は、酸素と結合したオキシヘモグロビンと酸素を放出したデオキシヘモグロビンの比率により、ＭＲＩ信号の強度が変化することで起きます。ｆＭＲＩによる脳活動の測定単位はボクセル（ピクセルの立体版のようなもの）になります。通常一辺二ミリメートルや三ミリメートル程度であり、その中には何十万もの神経細胞が含まれています。そのため、ＢＯＬＤ信号は、神経細胞ひとつひとつの微小な活動を反映しているわけではありません。ｆＭＲＩについての基本原理や制約事項についてより詳細が知りたい方は、過去の私たちの論文など[59]を参照してください。

神経科学の手法は、消費者行動の予測に貢献できると期待されています。マーケターは商品・サービスの人気を予測する必要があり、神経科学の手法はその予測力を引き上げることが期待されています。質問紙やインタビューでは、商品・サービスの人気をうまく予測することは難しい場合があります。従来の主観的報告の手法（質問紙やインタビュー）では、消費者は商品や広告を見た後に、それらの好みなどについて回答します（「この商品をどのくらい買いたいか？」など）。しかし、このような方法には、社会的望ましさ（socially acceptable answer）[65]や思い出しバイアス（recall bias）[66]といった問題点があります。また、消費者は、意識的にせよ無意識的にせよ、自身の好みについて正確に報告することが困難な場合があります[67]。実際の購買行動に結びつく感情的な反応は、主観的報告だけではとらえきれないかもしれません[68]。しかし、神経科学の手法を用いることで、消費者が商品や広告を見ているまさにそのときの脳活動を測定できます。よって、このような主観的報告にまつわる問題点を、ある程度は解消できると期待されています。このような背景を受け、近年になって、ｆＭＲＩを用いることで脳活動から個人や市場全体の行動を予測する研究が出てきました[67・69]。

個人の消費者行動は、脳機能計測により予測することができるのでしょうか。Knutson らは、個人の購買行動が脳活動から予測できるかどうかを検証しました。実験参加者は、ＭＲＩの中で商品を見て、次に商品と価格を見て、最後にその商品を買いたいかどうかを決めました。結果として、商品を見ている際の腹側線条体の活動、商品と価格を見ている際の腹側内側前頭前野の活動、価格を見ている際の島皮質の活動が、それぞれ購買行動を予測していました[70]。主観指標に脳活動データを加えたモデルが、最も消費者行動を予測しました。このことは、脳活動データ（特に報酬や価値判断に関わる領域）は、主観的指標ではとらえられない説明力があることを示唆しています。

公衆衛生メッセージに対する行動を扱った研究もあります。Falkらは、日焼け止めの使用を促すメッセージ[71]、禁煙を促進するメッセージ[72]をＭＲＩの中で見せました。また、実験参加者はメッセージに対する主観的な評価を回答しました。結果として、主観的な評価からは、実験参加者が日焼け止めを使用するか、または禁煙をするか、といった行動は予測できませんでした。しかし、メッセージを見ている際の腹側内側前頭前野の活動から、後に日焼け止めを使用するか、禁煙するか、といった実際の行動が予測できました。別の研究グループも、同様の脳領域の活動から禁煙行動の予測に成功しています[73]。

市場行動を予測する際に、フォーカスグループが用いられることがあります。フォーカスグループとは、市場ターゲットと同じ属性の人々を集めて、商品やサービスに対する意見を聞く方法です。しかし、フォーカスグループでは、主観指標と同様に、社会的望ましさによる回答バイアスが懸念されます。また、フォーカスグループの効果は、インタビュワーの能力に依存するといった面もあります。近年では、より客観的で予測度の高いデータを得ようと、ｆＭＲＩでフォーカスグループを行う、脳フォーカスグループ（neural focus group）といった手法が登場しています[67]。脳フォーカスグループとは、市場ターゲットと同じ属性の人を集めてＭＲＩの中に入ってもらい、脳データから市場行動を予測しようという試みです。

Bernsらは、思春期の若者を対象として、音楽売り上げが脳データから予測できるかを調べました。実験参加者は、ＭＲＩの中でさまざまな音楽を十五秒間ずつ聴きました。音楽はMySpaceから入手した当時は無名のアーティストであり、実験参加者は一度もその音楽を聴いたことがありませんでした。結果として、実験参加者の主観指標（曲に対する好み）からは、三年後の音楽売り上げが予測できませんでした。しかしながら、実験参加者が音楽を聴いている時の脳活動（腹側線条体）からは、三年後の音楽売り上げが予測できました。[74]

Kühn らは、チョコレート広告の効果が脳データから予測できるかどうかを検証しました。[75] 六種類の店頭広告は、すべて同じチョコレートバーについてのものです。六種類の店頭広告の効果、つまりその広告を出している際のチョコレートバーの売り上げが脳データから予測できるかという試みです。実験参加者はＭＲＩの中で、チョコレートバーの店頭広告六種類を見ました。実験参加者はＭＲＩから出た後に、六種類の店頭広告の好きな順番を回答しました。結果として、脳データ（腹側線条体・腹側内側前頭前野・扁桃体など、さまざまな領域から構成）と店頭広告の売り上げとの有意な関係が観察されました。一方で、ＭＲＩから出た後に回答した店頭広告の好きな順番からは、実際の売り上げとの関係は見られませんでした。

インターネット上での市場行動を予測した研究もあります。Genevsky らは、kiva（https://www.kiva.org/）を用いて、マイクロファイナンス（貧困層向けの小口融資）について研究しました。[76] kiva では、貧困層の人々のプロフィール（名前・顔写真・事業等）が紹介されており、彼らに小口融資ができます。Genevsky らは、実験参加者にＭＲＩの中で貧困層のプロフィールを見せました。そのとき、腹側線条体の活動が高いプロフィールほど、多く融資されていることを発見しました。

さらに、Genevsky らは、kickstarter（https://www.kickstarter.com/?lang=ja）を用いて、クラウドファンディング（インターネット経由でのプロジェクト資金調達）について研究しました。[77] kickstarter では、映画・アート・デザイン・テクノロジー・音楽・食べ物など、さまざまなプロジェクトで資金調達が実施されており、各プロジェクトを支援できます。Genevsky らは、実験参加者にＭＲＩの中でクラウドファンディングのプロジェクトを見せて、支援したいかどうかを尋ねました。腹側線条体の活動が高いプロジェクトほど、資金調達に成功していることを発見しました。一方で、主観指標（支援したいかどうかの回答）からは、プロジェクトの資金調達の成功が予測できませんでした。

Venkatramanらは、広告効果について、脳データをはじめとするさまざまな指標（主観指標、潜在的態度、脳波、ｆＭＲＩ、心拍・呼吸・発汗等）から予測できるかを検証しました[78]。実験参加者はＭＲＩの中で三十七種類のＴＶコマーシャルを視聴しました。広告効果については、広告弾力性（advertising elasticity）を用いました。広告弾力性とは、広告投入量に対する需要の変化率を示す指標です。ＴＶコマーシャルの投下量を一％増減させたときに、売り上げが何％変化するかということです。結果として、ｆＭＲＩから得られた腹側線条体の活動のみが、広告効果を予測していました。主観指標をはじめとする他の指標では、広告効果を説明していませんでした。

市場全体の禁煙キャンペーンの効果を予測した研究もあります。Falkらは、禁煙キャンペーンの効果を、脳活動（腹側内側前頭前野）から予測しました[79]。禁煙を試みようとしている実験参加者が、ＭＲＩの中で、三種類（Ａ、Ｂ、Ｃ）の禁煙キャンペーンＣＭを見ました。ＭＲＩ撮像が終わると、彼らは各禁煙キャンペーンについて、好ましさ・効果について順位や点数をつけました。また、広告の効果を評価する専門家も、各禁煙キャンペーンについて同様に評価しました。各禁煙キャンペーンは実際にテレビ放映されました。結果として、禁煙キャンペーンの効果（電話問い合わせ件数の多さ）は、Ｃ、Ｂ、Ａの順でした。しかし、実験参加者や専門家の回答では、各禁煙キャンペーンの効果・好ましさは、Ｂ、Ａ、Ｃの順であり、実際の効果とは一致していませんでした。しかし、腹側内側前頭前野の脳活動は、Ｃ、Ｂ、Ａの順であり、実際の禁煙キャンペーン効果を予測していました。

Falkらは、公衆衛生キャンペーンの成功率について、脳データから予測できるかを調べました[80]。実験参加者は禁煙を試みている喫煙者です。実験参加者はＭＲＩの中で、四十種類の禁煙キャンペーン（不快感情を喚起する二十種類と、ニュートラルな感情のままの二十種類）を見ました。MRI実験で用いられた禁煙広告は、メールで大人数（約四十万人）に配布され、広告効果としてクリック率が測定されました。結果として、不快感情を喚起する禁煙広告は、内側前頭前野の活動からクリック率を予測できました。この内側前頭前野の領域は、同じ実験参加者が行った「自己課題」を行う際の脳反応が同定されています。よって、この内側前頭前野の活動は、おそらく自己関連的な処理を反映していると考えられます。主観指標（禁煙したくなったかなど）は、禁煙広告全体（不快感情／ニュートラル感情どちらも含む）のクリック率と有意な関係がありましたが、不快感情を喚起する禁煙広告に関しては、予測力を持ちませんでした。

購買行動以外にも重要な消費者行動があります。その一つがシェア行動、口コミです。情報のシェアは重要な社会行動です。人々は、対人コミュニケーションやインターネットを通じて、多くの情報をシェアして共有します。そうした情報のシェアは、消費者行動研究でも扱われてきました。消費者はしばしば、広告や商品をシェアします。このような、消費者のシェア行動を利用したマーケティングを、バズマーケティングや口コミマーケティングと呼びます。バズマーケティングは、通常のマーケティングよりも効果的であり、低コストであると言われています[81]。また、消費者がシェアした情報は、ブランド態度や売り上げにポジティブな影響を与えます[81]。このような消費者行動におけるシェアの重要性を考慮すると、どのようにバズマーケティングが成功するか、つまりどのような広告・商品が多くシェアされるかを事前に知ることは、重要であると言えます。

市場全体のシェア行動を脳から予測した研究があります。Scholzらはオンライン上の記事（『ニューヨークタイムズ』の健康記事）シェアを、脳から予測しようとしました。実験参加者はMRIの中で、『ニューヨークタイムズ』のオンライン記事を見ました。シェア行動のモデルとして、自己・社会・価値モデルがあります。このモデルでは、自己関連処理（情報は自己に関連しているか）と社会認知処理（他者の心情の推測）がシェアの価値を構成し、実際のシェア行動につながると想定されています[82]。Scholzらは実際に脳データを用いて、このモデルがシェア行動を予測する際に当てはまりがいいことを見出しました。また、主観指標（シェアしたさ）でも市場全体のシェア行動を予測できましたが、脳データを加えることでさらに予測精度は上昇しました。

私たちは、脳データからバズマーケティングの成功（多くシェアされる広告）が予測できるかを検証しました[83]。バズマーケティングは、とりわけデジタル化が進んだ現代社会で影響力を増しています。たとえば、ソーシャルネットワーキングサイトの一つであるFacebookでは、広告・商品を含む情報が、消費者間で多くシェアされています。私たちはScholzらのシェア行動の脳モデルに則り、自己関連・社会認知・価値に関連する脳領域のデータ、さらに主観指標のどれ・どの組み合わせが動画広告シェアを予測できるかを検証しました。実験参加者は、企業が実際にFacebookに投稿した四十種類の動画広告を、ＭＲＩの中で視聴しました。

結果として、社会認知に関する領域の活動は、動画広告シェア数と有意に関係していました。さらに、社会認知に関する領域の活動と主観指標を組み合わせることで、最も動画広告シェアを予測できました。一方で、自己関連処理に関する脳活動、価値に関する脳活動、主観指標のそれぞれは、単独では有意な結果は得られませんでした。自己・社会・価値モデルのなかで、社会認知が動画広告シェアの最も重要な認知プロセスである可能性があります。

脳機能計測は、主観指標と補完的に扱われるべきです[43]。どの実験にでも脳機能計測を使用するのではなく、あくまでも脳機能計測と主観指標、それぞれの長所・短所を理解したうえで使用する必要があります。まず、ある脳領域の活動は、必ずしも特定の心理プロセスを反映しているわけではないことに留意すべきです[84]。本章では（そして多くの論文でも）、便宜的に○○関連領域（たとえば、内側前頭前野は自己関連処理の領域）と呼称しています。しかし、それがどこまで正しいかは分かりません。たとえば、「自己」といっても、それが何に関連するかで対応する脳領域は変わってきます[85]。活動した脳領域がどんな心理プロセスを意味するかについては、多くの場合では、主観指標（や行動実験）で判断することになります。次に、主観指標のみで予測が可能と考えられる市場行動も、存在するということです（脳データで説明力が上がりはしますが[80・82]）。脳データと主観指標のどちらの予測力が高いかは、予測したい市場の内容によって異なってくると思われます[69]。ＭＲＩへのアクセスが一般的に容易でないことや、使用料が高額であることを考慮すると[41]、どの市場を予測するのにでも脳機能計測を使用するのではなく、適切な場合のみ使用するほうが理にかなっていると言えます。

また、倫理的な面についても考える必要があります。Falk らの研究のように、「禁煙したい人のための効果的な禁煙広告」を、脳機能計測で事前にテストすることは[79・80]、ある程度は許容されるかもしれません。しかし、消費者にとって有害な商品やサービスを脳機能計測で事前にテストすることは、許容し難く思われます。現在のところ、脳機能計測が市場行動を説明する割合は決して大きいものではありませんが、もしこの分野が発展していくなら、倫理面の検討は避けては通れません[86・87]。

脳機能計測を用いた消費者行動研究について概説しました。いくつかの研究では、主観的指標では予測が難しい市場行動でも、ｆＭＲＩを用いることで、予測が可能であることを示しています。とりわけ、価値や報酬の処理に関係した腹側内側前頭前野・腹側線条体の活動が市場行動を予測した、という研究が複数報告されています。このような研究の成果は、学術領域への知見提供だけでなく、産業界への応用が期待できます。ｆＭＲＩを用いて、正式リリースより前に商品や広告をテストし、より確実な売上や広告効果の予測が可能となるかもしれません[41]。

4 結語

本章では、視線・脳機能計測による消費者行動研究を紹介しました。この研究分野は、生理的手法を用いた融合領域で、これからの発展が期待されます。今後、多くの研究者が視線・脳機能計測を取り入れ、この分野がますます発展することを期待しています。

【引用文献】

(1) Cavanagh, P. (2011). Visual cognition. *Vision research*, **51**(13), 1538–1551.

(2) Salvucci, D. D. & Goldberg, J. H. (2000, November). Identifying fixations and saccades in eye-tracking protocols. In *Proceedings of the 2000 symposium on Eye tracking research & applications*. ACM. pp. 71–78.

(3) Ashby, N. J., Johnson, J. G., Krajbich, I., & Wedel, M. (2016) Applications and innovations of eye-movement research in judgment and decision making. *Journal of Behavioral Decision Making*, **29**(2-3), 96–102.

(4) Motoki, K., Saito, T., Nouchi, R., Kawashima, R., & Sugiura, M. (2018) Tastiness but not healthfulness captures automatic visual attention: Preliminary evidence from an eye-tracking study. *Food Quality and Preference*, **64**, 148–153.

(5) Motoki, K., Saito, T., Nouchi, R., Kawashima, R., & Sugiura, M. (2019a) Anxiety increases visual attention to hedonic foods: A preliminary eye-tracking study on the impact of the interplay between integral and incidental affect on foods. *Appetite*, **137**, 218–225.

(6) Motoki, K., Saito, T., Nouchi, R., Kawashima, R., & Sugiura, M. (2019b) Light colors and comfortable warmth: Crossmodal correspondences between thermal sensations and color lightness influence consumer behavior. *Food Quality and Preference*, **72**, 45–55.

(7) Onuma, T., Penwannakul, Y., Fuchimoto, J., & Sakai, N. (2017) The effect of order of dwells on the first dwell gaze bias for eventually chosen items. *PloS one*, 12(7).

(8) 浅川雅美・岡野雅雄（2013）「特定保健用食品の選択行動――パッケージへの視線分析を中心として」『日経広告研究所報』四七巻五号、八-一五頁

(9) 浅川雅美・岡野雅雄（2016）「食品広告の情報的価値が広告に対する注目に及ぼす影響――アイトラッキングによる分析」『広告科学』六二巻、一-一二頁

(10) 石井裕明（2018）「パッケージにおける最適な情報量」『マーケティングジャーナル』三八巻二号、二一-三八頁

(11) 井出野尚・大久保重孝・玉利祐樹・伊豫部紀子・村上始・竹村和久（2014）「アイトラッカーを用いた広告受容時の消費者の意思決定過程の検討」『日本感性工学会論文誌』一三巻四号、五三五-五四一頁

(12) 大久保重孝・竹村和久（2011）「眼球運動測定と消費者行動分析」『繊維製品消費科学』五二巻一二号、七四四‐七五〇頁

(13) 里村卓也（2017）「視線計測による消費者行動の理解」『オペレーションズ・リサーチ』六二巻一二号、七七五‐七八一頁

(14) 外川拓（2019）『消費者意思決定の構造――解釈レベル理論による変容性の解明』千倉書房

(15) 村上始・川杉桂太・柏万菜・竹村和久（2018）「消費者の眼球運動分析」『繊維製品消費科学』五九巻八号、六〇五‐六一二頁

(16) Rook, D. W. (1987) The buying impulse. *Journal of Consumer Research*, **14**(2), 189–199.

(17) Pieters, R. & Wedel, M. (2012) Ad gist: Ad communication in a single eye fixation. *Marketing Science*, **31**(1), 59–73.

(18) Milosavljevic, M., Koch, C., & Rangel, A. (2011) Consumers can make decisions in as little as a third of a second. *Judgment & Decision Making*, **6**(6), 520–530.

(19) Saito, T., Nouchi, R., Kinjo, H., & Kawashima, R. (2017) Gaze bias in preference judgments by younger and older adults. *Frontiers in Aging Neuroscience*, **9**, 285.

(20) Shimojo, S., Simion, C., Shimojo, E., & Scheier, C. (2003) Gaze bias both reflects and influences preference. *Nature Neuroscience*, **6**(12), 1317.

(21) 齊藤俊樹・大谷昌也・金城光（2015）「視線のカスケード現象は選好判断以外でも起きるのか」『認知科学』二二巻三号、四六三‐四七二頁

(22) Krajbich, I., Armel, C., & Rangel, A. (2010) Visual fixations and the computation and comparison of value in simple choice. *Nature Neuroscience*, **13**(10), 1292–1298.

(23) Lim, S.-L., O'Doherty, J. P., & Rangel, A. (2011) The decision value computations in the vmPFC and striatum use a relative value code that is guided by visual attention. *The Journal of Neuroscience*, **31**(37), 13214–13223.

(24) Treistman, J. & Gregg, J. P. (1979) Visual, verbal, and sales responses to print ads. *Journal of Advertising Research*, **19**(4), 41–47.

(25) Zhang, J., Wedel, M., & Pieters, R. (2009) Sales effects of attention to feature advertisements: A Bayesian mediation analysis. *Journal of Marketing Research*, **46**(5), 669–681.

(26) Pieters, R. & Wedel, M. (2017) A review of eye-tracking research in marketing. In *Review of Marketing Research*. Routledge, pp. 143–167.

(27) Lohse, G. L. (1997) Consumer eye movement patterns on yellow pages advertising. *Journal of Advertising*, **26**(1), 61–

73.

(28) Graham, D. J. & Jeffery, R. W. (2011) Location, location, location: Eye-tracking evidence that consumers preferentially view prominently positioned nutrition information. *Journal of the American Dietetic Association*, **111**(11), 1704–1711.

(29) Chandon, P., Hutchinson, J. W., Bradlow, E. T., & Young, S. H. (2009) Does in-store marketing work? Effects of the number and position of shelf facings on brand attention and evaluation at the point of purchase. *Journal of Marketing*, **73**(6), 1–17.

(30) Siegrist, M., Leins-Hess, R., & Keller, C. (2015) Which front-of-pack nutrition label is the most efficient one? The results of an eye-tracker study. *Food Quality and Preference*, **39**, 183–190.

(31) Hagtvedt, H. & Brasel, S. A. (2017) Color saturation increases perceived product size. *Journal of Consumer Research*, **44**(2), 396–413.

(32) Atalay, A. S., Bodur, H. O., & Rasolofoarison, D. (2012) Shining in the center: Central gaze cascade effect on product choice. *Journal of Consumer Research*, **39**(4), 848–866.

(33) Valenzuela, A. & Raghubir, P. (2009) Position-based beliefs: The center-stage effect. *Journal of Consumer Psychology*, **19**(2), 185–196.

(34) Wedel, M. & Pieters, R. (2008). *A review of eye-tracking research in marketing*. In N. K. Malhotra (Ed.), *Review of marketing research vol.4*. Emerald Group Publishing Limited, pp. 123–147.

(35) van der Laan, L. N., Papies, E. K., Hooge, I. T., & Smeets, P. A. (2017) Goal-directed visual attention drives health goal priming: An eye-tracking experiment. *Health Psychology*, **36**(1), 82.

(36) Lwin, M. O., Morrin, M., Chong, C. S. T., & Goh, S. X. (2016) Odor semantics and visual cues: What we smell impacts where we look, what we remember, and what we want to buy. *Journal of Behavioral Decision Making*, **29**(2–3), 336–350.

(37) Mormann, M., Nowlan, L., & Johnson, J. (2016) (Emotional) reference point formation. ACR North American Advances (Eds.), Page Moreau and Stefano Puntoni, Duluth, *MN*, **44**, 185–189.

(38) Rebollar, R., Lidón, I., Martín, J., & Puebla, M. (2015) The identification of viewing patterns of chocolate snack packages using eye-tracking techniques. *Food Quality and Preference*, **39**, 251–258.

(39) Djamasbi, S., Siegel, M., & Tullis, T. (2010) Generation Y, web design, and eye tracking. *International Journal of*

Human-Computer Studies, **68**(5), 307–323.

(40) Varela, P., Antúnez, L., Cadena, R. S., Giménez, A., & Ares, G. (2014) Attentional capture and importance of package attributes for consumers' perceived similarities and differences among products: A case study with breakfast cereal packages. *Food Research International*, **64**, 701–710.

(41) Ariely, D. & Berns, G. S. (2010) Neuromarketing: The hope and hype of neuroimaging in business. *Nature Reviews Neuroscience*, **11**(4), 284.

(42) Plassmann, H., Ramsøy, T. Z., & Milosavljevic, M. (2012) Branding the brain: A critical review and outlook. *Journal of Consumer Psychology*, **22**(1), 18–36.

(43) Plassmann, H., Venkatraman, V., Huettel, S., & Yoon, C. (2015) Consumer neuroscience: Applications, challenges, and possible solutions. *Journal of Marketing Research*, **52**(4), 427–435.

(44) Hubert, M. & Kenning, P. (2008) A current overview of consumer neuroscience. *Journal of Consumer Behaviour*, **7**(4–5), 272–292.

(45) Cacioppo, J. T., Berntson, G. G., Sheridan, J. F., & McClintock, M. K. (2000) *Multilevel integrative analyses of human behavior: Social neuroscience and the complementing nature of social and biological approaches vol.126.* American Psychological Association.

(46) Gabrieli, J. D. (1998) Cognitive neuroscience of human memory. *Annual review of psychology*, **49**(1), 87–115.

(47) Ochsner, K. N. & Lieberman, M. D. (2001) The emergence of social cognitive neuroscience. *American Psychologist*, **56**(9), 717.

(48) Camerer, C., Loewenstein, G., & Prelec, D. (2005) Neuroeconomics: How neuroscience can inform economics. *Journal of Economic Literature*, 9–64.

(49) Kenning, P. & Plassmann, H. (2005) NeuroEconomics: An overview from an economic perspective. *Brain Research Bulletin*, **67**(5), 343–354.

(50) Pozharliev, R., Verbeke, W. J., & Bagozzi, R. P. (2017) Social consumer neuroscience: Neurophysiological measures of advertising effectiveness in a social context. *Journal of Advertising*, **46**(3), 351–362.

(51) Reimann, M., Schilke, O., Weber, B., Neuhaus, C., & Zaichkowsky, J. (2011) Functional magnetic resonance imaging in consumer research: A review and application. *Psychology & Marketing*, **28**(6), 608–637.

(52) Shaw, S. D. & Bagozzi, R. P. (2018) The neuropsychology of consumer behavior and marketing. *Consumer Psychology Review*, **1**(1), 22–40.

(53) 青木幸弘（2014）「消費者行動研究における最近の展開――新たな研究の方向性と可能性を考える」『流通研究』一六巻二号、三-一七頁

(54) 熊倉広志（2016）「ニューロマーケティングの現状、課題そして展望」『オペレーションズ・リサーチ』六一巻七号、四二一-四二八頁

(55) 竹村和久（2009）「ニューロマーケティングの可能性（特集　消費者行動研究のフロンティア）」『流通情報』四一巻四号、三七-四五頁

(56) 竹村和久（2016）「ニューロマーケティングと意思決定研究（特集　ニューロマーケティング）」『オペレーションズ・リサーチ』六一巻七号、四二九-四三四頁

(57) 竹村和久（2018）「消費者行動の脳機能画像解析と眼球運動解析（特集　生体情報を活用した消費者へのアプローチ）」『流通情報』五〇巻四号、六-一七頁

(58) 三浦俊彦（2013）「ニューロマーケティングの可能性――無意識と感性の解明」『商學論纂』五五巻一号、一五五-一九〇頁

(59) 元木康介・杉浦元亮（2018）「消費者神経科学の動向と展望――神経科学を消費者行動研究に役立てるために」『マーケティングジャーナル』三七巻三号、七七-一〇三頁

(60) 守口剛・竹村和久・白井美由里・新倉貴士・神山貴弥（2012）『消費者行動論――購買心理からニューロマーケティングまで』八千代出版

(61) Motoki, K., Sugiura, M., & Kawashima, R. (2019) Common neural value representations of hedonic and utilitarian products in the ventral striatum: An fMRI study. *Scientific Reports*, **9**(1), 1–10.

(62) Motoki, K. & Sugiura, M. (2017) Consumer behavior, hormones, and neuroscience: Integrated understanding of fundamental motives why we buy. *Psychologia*, **60**(1), 28–43.

(63) Yokoyama, R., Nozawa, T., Sugiura, M., Yomogida, Y., Takeuchi, H., Akimoto, Y., Kawashima, R. et al. (2014) The neural bases underlying social risk perception in purchase decisions. *Neuro Image*, **91**, 120–128.

(64) Yokoyama, R., Nozawa, T., Takeuchi, H., Taki, Y., Sekiguchi, A., Nouchi, R., Shinada, T. et al. (2014) Association between gray matter volume in the caudate nucleus and financial extravagance: Findings from voxel-based morphometry. *Neuroscience Letters*, **563**, 28–32.

(65) Fisher, R. & Katz, J. E. (2008) Social-desirability bias and the validity of self-reported values. J. R. Fisher & J. E. Katz (2000) Social desirability bias and the validity of self-reported values. *Psychology & Marketing*, **17**, 105–120.

(66) Sudman, S. & Bradburn, N. M. (1973) Effects of time and memory factors on response in surveys. *Journal of the American Statistical Association*, **68**(344), 805–815.

(67) Berkman, E. T. & Falk, E. B. (2013) Beyond brain mapping using neural measures to predict real-world outcomes. *Current Directions in Psychological Science*, **22**(1), 45–50.

(68) Venkatraman, V., Clithero, J. A., Fitzsimons, G. J., & Huettel, S. (2012) New scanner data for brand marketers: How neuroscience can help better understand differences in brand preferences. *Journal of Consumer Psychology*, **22**, 143–153.

(69) Knutson, B. & Genevsky, A. (2018) Neuroforecasting aggregate choice. *Current Directions in Psychological Science*, **27**(2), 110–115.

(70) Knutson, B., Rick, S., Wimmer, G. E., Prelec, D., & Loewenstein, G. (2007) Neural predictors of purchases. *Neuron*, **53**(1), 147–156.

(71) Falk, E. B., Berkman, E. T., Mann, T., Harrison, B., & Lieberman, M. D. (2010) Predicting persuasion-induced behavior change from the brain. *The Journal of Neuroscience*, **30**(25), 8421–8424.

(72) Falk, E. B., Berkman, E. T., Whalen, D., & Lieberman, M. D. (2011) Neural activity during health messaging predicts reductions in smoking above and beyond self-report. *Health Psychology*, **30**(2), 177.

(73) Chua, H. F., Ho, S. S., Jasinska, A. J., Polk, T. A., Welsh, R. C., Liberzon, I., & Strecher, V. J. (2011) Self-related neural response to tailored smoking-cessation messages predicts quitting. *Nature Neuroscience*, **14**(4), 426.

(74) Berns, G. S. & Moore, S. E. (2012) A neural predictor of cultural popularity. *Journal of Consumer Psychology*, **22**(1), 154–160.

(75) Kühn, S., Strelow, E., & Gallinat, J. (2016) Multiple "buy buttons" in the brain: Forecasting chocolate sales at point-of-sale based on functional brain activation using fMRI. *NeuroImage*, **136**, 122–128.

(76) Genevsky, A. & Knutson, B. (2015) Neural affective mechanisms predict market-level microlending. *Psychological Science*, 0956797615588467.

(77) Genevsky, A., Yoon, C., & Knutson, B. (2017) When brain beats behavior: Neuroforecasting crowdfunding outcomes.

Journal of Neuroscience, **37**(36), 8625–8634.

(78) Venkatraman, V., Dimoka, A., Pavlou, P. A., Vo, K., Hampton, W., Bollinger, B., Winer, R. S. et al. (2015) Predicting advertising success beyond traditional measures: New insights from neurophysiological methods and market response modeling. *Journal of Marketing Research*, **52**(4), 436–452.

(79) Falk, E. B., Berkman, E. T., & Lieberman, M. D. (2012) From neural responses to population behavior neural focus group predicts population-level media effects. *Psychological Science*, **23**(5), 439–445.

(80) Falk, E. B., O'Donnell, M. B., Tompson, S., Gonzalez, R., Dal Cin, S., Strecher, V., & An, L. (2016) Functional brain imaging predicts public health campaign success. *Social Cognitive and Affective Neuroscience*, **11**(2), 204–214.

(81) Berger, J. (2014). Word of mouth and interpersonal communication: A review and directions for future research. *Journal of Consumer Psychology*, **24**(4), 586–607.

(82) Scholz, C., Baek, E. C., O'Donnell, M. B., Kim, H. S., Cappella, J. N., & Falk, E. B. (2017) A neural model of valuation and information virality. *Proceedings of the National Academy of Sciences*, **114**(11), 2881–2886.

(83) Motoki, K., Suzuki, S., Kawashima, R., & Sugiura, M. (2020) A combination of self-reported data and social-related neural measures forecasts viral marketing success on social media. *Journal of Interactive Marketing*, **52**, 99–117.

(84) Poldrack, R. A. (2006) Can cognitive processes be inferred from neuroimaging data? *Trends in Cognitive Sciences*, **10**(2), 59–63.

(85) Sugiura, M. (2013) Associative account of self-cognition: Extended forward model and multi-layer structure. *Frontiers in Human Neuroscience*, **7**, 535.

(86) Stanton, S. J., Sinnott-Armstrong, W., & Huettel, S. A. (2017) Neuromarketing: Ethical implications of its use and potential misuse. *Journal of Business Ethics*, **144**(4), 799–811.

(87) Spence, C. (2019) Neuroscience-inspired design: From academic neuromarketing to commercially relevant research. *Organizational Research Methods*, **22**(1), 275–298.

第4章

物語説得における認知・感情反応
——物語はいかにして消費者に訴えかけるのか、そのメカニズムにせまる

【小森めぐみ】

1 はじめに

幼いころ、大好きなテレビキャラクターの真似をしたことはなかったでしょうか。絵本に出てきたおいしそうなおやつを、自分も食べたいと思ったことはなかったでしょうか。「単なるお話にすぎない」と頭では分かっていても、マンガや映画で描かれる世界にどっぷりと浸って感動し、自分のこれまでを反省したり、「これからはもっと～しよう」と決意したりしたことが、大人になってからも実はあるのではないでしょうか。小説や映画、マンガやTVドラマの物語に影響を受けた経験は、著者である私には思い当たる節がありますが、皆さんはどうでしょうか。

架空の物語が人々の行動を変化させる効果を持つことを典型的に示した古いエピソードとして、一九八五年に放映されて大ヒットしたアメリカ映画『E．T．』[1]が挙げられます。『E．T．』は地球の外からやってきた生

き物が、人間の文化にとまどいながらも幼い子どもたちと心を通わせる物語です。この映画の中で、E．T．と名付けられたその生き物が主人公の少年とめぐりあうきっかけとなったのが、『Reese's（リーセス）』というチョコレート菓子でした。映画は記録的な大ヒットとなったのですが、それにあわせてこのお菓子も、大きく売り上げを伸ばしました(2)。作品の中に宣伝したい商品を登場させる手法（プロダクトプレイスメント）は、今日でもよく使われる手法です。

一方で、映画によって誤った知識が一般に流布してしまった例もあります。これもアメリカの映画である『ジョーズ』(3)は、アメリカ東海岸のビーチに突如現れた人喰いザメと人間の死闘を描いた映画です。ジョーズが迫ってくるときの緊迫感のこもったBGMを耳にしたことがある人も多いでしょう。この映画に登場する鮫はホオジロザメという種類で、えさである魚やオットセイと間違えて、という場合を除けば人間を襲うことは滅多にありません。しかしこの映画がヒットした結果、ホオジロザメは「獰猛な殺人ザメ」として必要以上に恐れられて大規模な駆除の対象となり、絶滅の危機に瀕するまでになってしまいました(4・5)*1。

ここで紹介した二つの映画はいずれも、物語が人を楽しませる以上の影響力を持つ場合があることを示しています。私たちは気晴らしやエンターテイメントとして、映画や読書などを通じて物語に触れます。こうした経験はそれだけで素晴らしいものですが、物語を見終わった後の私たちに影響を残すこともあります。それは、物語の中に登場した特定の製品を好ましく思うといった具体的な場合もあれば、自分の価値観を揺さぶられるといった、より抽象的な形での影響の場合もあるでしょう。ただし、私たちは自分が見たり読んだりした物語すべてから影響を受けるというわけではありません。「とても影響を受けた」と感じる物語もあれば、そうでない物語もあるでしょうし、同じ物語であっても影響を受ける人とそうでない人がいます。これらを分ける

＊1　映画『ジョーズ』の原作者は、この小説に登場する人喰いザメが想像の産物に過ぎず、実際には存在しないことを主張し、晩年はサメの保護政策に積極的に参加したそうです(5)。

ものはいったい何なのでしょうか。

物語を用いて他者の態度や行動に働きかける試みは物語説得（narrative persuasion）と呼ばれ，近年数多くの研究が行われています。消費者の心や行動に働きかけるために物語を活用する場合には，物語がどのような心理的プロセスを経て人々に影響を及ぼすかを理解することがヒントとなるでしょう。本章では物語説得に関して行われているさまざまな研究を紹介しながら，人が物語に夢中になっている状態を指した物語移入という現象に注目して，物語説得がどのようにして生じているか，そのプロセスについて説明していきます。

2 物語説得の効果はどのように研究され，どう説明されてきたか

A 物語説得に関する心理学的研究

まず，物語説得の研究がどういったもので，どのように行われるかを説明していきます。物語説得研究の分野では，健康・健全な行動をとることを推奨するような短い読み物や映像，ＴＶドラマなどを，研究の参加者に読んだり視聴したりしてもらい，その影響を調べる研究が数多く行われています。望ましい行動（たとえば定期的な運動，皮膚がん予防行動，性行為におけるコンドーム使用，魚や果物を食べること）を勧める物語であったり，不適切な行為（たとえば喫煙，過度の飲酒，飲酒運転，薬物使用，危険運転）を予防したり，やめさせるための物語が題材として使われています。消費者行動の分野では，主に物語を用いた宣伝の効果を検討する研究が多く行われています。そこでは物語形式の広告や製品使用経験のエピソードへの接触が，物語に登場した製品やブランドに対する態度や評価，購買意図に及ぼす影響が検討されています。

特定の物語が、人の考え方や行動を変えるだけの影響力を持つかどうかをきちんと知るためには、その物語を読んだ（あるいは視聴した）ときと、それ以外のときで違いが生じるかを比較する必要があります。実際に行われている研究では、物語を読む前と読んだ後の考え方を比較したり、物語を読んだ人と読まなかった人を比較したり、後の質問と関係ある物語を読んだ人と無関係の物語を読んだ人を比較したり、といったことが行われています。多くの研究では、物語を読んだ後や関連する物語を読んだ場合は、物語を読む前や読まなかった場合、無関連な物語を読んだ場合と比べて、態度が物語の内容に沿って変化しているという結果が得られています。

たとえばLeungら[(6)]はフルーツをたくさん食べることを奨励するマンガを自作し、小中学生を対象とした実験を行っています。この研究では五十七名の男子小中学生が、フルーツでパワーチャージするヒーローを描いたマンガを読むか、フルーツとは無関係の文章を読んでパズルに取り組んだ直後に、別室でおやつを選択する機会を与えられました。そこに用意されていたのは一口大のフルーツか、栄養補助食品のスナックバーのどちらかでした。その結果、マンガを読んだ子どもたちは異なるプログラムに参加した子どもたちよりも、直後にフルーツを選びやすくなりました。

Moyer-Gusé ら[(7)]は、百九十九名の大学生を対象としてTVドラマを用いた検討を行っています。この研究ではＴＶドラマシリーズの異なるエピソードを用いることで、登場人物に対する好意やドラマの面白さなどをある程度同じくらいに統制して検討しました。実験では、同じ刑事ドラマのシリーズのうち、飲酒運転の危険を描いたエピソードか、飲酒運転とは無関連の事件を扱ったエピソードを参加者に呈示し、視聴後に飲酒や飲酒運転に対する態度を尋ねています。その結果、飲酒運転を描いたエピソードを視聴した参加者のほうが、無関連エピソードを視聴した参加者よりも、飲酒運転に対してネガティブな態度を示しました[*2]。

以上のように、物語が人々の考え方に影響を及ぼすことは、実証研究でも示されています。ただし、物語が他の形式の情報提供よりも効果的かという問いに対しては、明確な結論が得られていません。物語以外の情報提供の形式としては、主張とその根拠を伝える議論形式、伝えたい事項を羅列したリスト形式、グラフや数値を示した統計情報などがあります。同じテーマに関してこれらの形式と物語を比べる研究も行われていますが、その結果は一貫しません。物語形式の情報提供のほうが有効という場合とそうでない場合の両方が報告されています(8・9・10)。

物語とそれ以外の形式では重視される要因が異なるという研究も報告されています。たとえば Greene と Brinn の研究(11)では、日焼けのもたらす健康被害に関する情報が、物語形式か統計情報として参加者に呈示されました。こうした情報をまったく呈示されない条件も設定されました。その結果、物語も統計情報もいずれも同程度に、呈示されない条件に比べて、日焼けマシンの使用意図を下げていました。物語はリアリズムが高く評価された一方で、統計情報は情報的価値が高いと評価されていました。

B　既存の心理学概念による物語説得プロセスの説明とその限界

それでは、物語を読んだり視聴したりすることで受ける影響は、心理学ではどのように説明されるのでしょうか。既存の心理学の概念や理論を使って物語の影響を説明することは、ある程度可能です。たとえば、今日の昼ごはんは何にしようかを考えるときに、つい先ほど読んだマンガにカレーライスが出ていれば、カレーライスという選択肢が頭に浮かびやすくなります。これは、プライミングという現象にあたります。プライミングとは、事前の情報処理によって特定の情報が利用されやすい状態になり、それが後続する無関係な刺激の処

＊2　この研究ではあわせて、エピソード視聴の最後に、飲酒運転撲滅メッセージを含めることの効果も検討しています。詳細な結果は原典をご参照ください。

理にも影響することを指す言葉です。また、特定の職業に就く人々の生きざまを描いたドラマを見て、その職業に関心を抱くといったこともあるかもしれません。これは単純に、今まで知らなかったことを物語接触を通じて知識として身につけ、好意を抱いたり、より詳細な情報探索を行っていると言えるでしょう。こうした説明は、そのトピックを扱ったのがたまたま物語という形式であっただけで、物語でなくても同じ効果があると考えられます。しかし、プライミングや知識の影響はそれに触れるだけで自動的に生じるものです。ですから、物語に触れた場合にそこから影響を受けるときと受けないときがあるということを、説明することができません。

一方、社会心理学では説得・態度変化の研究が長く行われています。そこで検討されているのは、主張と根拠を組み合わせた議論形式の説得メッセージの効果ですが、その知見を物語説得に適用することもある程度可能です。たとえば、何度も接触することによって対象に対してポジティブな態度を抱くようになるという単純接触効果[12]や、説得情報の発信者の専門性や誠実性が高いほど説得メッセージが受け入れられるという情報源の信ぴょう性の効果[13]がそれにあたります。物語の中で何度も登場した物や場所に惹かれたり、魅力的な登場人物の言動に心を動かされるといった現象は、これらの原理と関連しているでしょう。しかし、登場人物が架空の存在であることは明らかで、必ずしも現実に正しいことを言っているとは限りません。ある俳優が優秀な外科医の役を演じていたとしても、実際にその人に外科医としての知識や能力がないことは明らかです。なぜそうした人の言葉に説得されるのでしょうか。また、登場人物の言葉とは無関係に、物語の展開が全体として特定の行動を奨励したり、問題提起を行ったりしている場合の影響も、これでは説明ができません。

登場人物の行動に注目した物語の影響を説明する有名な理論としては、Bandura の社会的認知理論[14]が挙げられます。この理論は、現在でもメディア視聴が行動に及ぼす影響を説明する理論として広く用いられ、教育心理学や健康心理学の分野では影響力の大きい理論です。[15] Bandura は子どもを対象とした実験を行い、プレイルームに置かれた人形に大人が暴力をふるっているのを子どもが観察すると、子ども自身もその行動を模倣（モデリング）し、フラストレーションが溜まった際に人形に対して攻撃的にふるまうことを示しました。この観察は直接行動を観察した場合も[16]、TVモニターに映し出された攻撃行動を観察した場合も[17]、同じように生じました。Banduraはこうした実験を積み重ね、他者の行動とそれに伴う報酬の大きさが、「自分も同じように行動すれば、同じような結果を得られる」という自己効力感を高め、結果として行動の模倣を促進することを、社会的認知理論として理論化しました。しかし社会的認知理論だけでは、なぜ効果的な物語とそうでない物語があるのか、態度や信念など行動として直接現れない内的な心の動きはどのように説明できるのかなど、やはり充分に説明されない問題が残ります。

このように、物語の特徴などを考えると、いずれの一般的な原理も物語説得特有のプロセスを全体的に説明するにはいささか力不足と言えるでしょう。こうした問題点を踏まえ、二十一世紀以降に行われた物語説得の研究では、より内的・心理的な変化に焦点を当てて、物語固有の説得効果を説明するモデルが発表されています。そのなかでも、多くの研究で理論的基盤となっているモデルとして、物語説得の移入-想像モデル（Transportation-Imagery model of narrative persuasion）[18]が挙げられます。次節では、移入がどのような状態を指すのかを説明したうえで、それが物語説得とどう関わるかを述べていきます。

3　物語への移入とは

物語移入は、narrative transportationという英語の言葉を訳したものです。Transportationという単語は輸送や移動、旅行という意味で、本来は物語とはあまり関係ありません。この言葉を物語研究に導入したのが、

Richard Gerrigという心理学者です。Gerrigは人々の意識が現実から物語の世界に移動していく様を、この言葉で表現しました。私たちは週末や長期休暇の際に、旅行に出かけることがあります。旅先でのさまざまな非日常的な経験は私たちを夢中にさせ、気晴らしになるだけでなく、時として価値観やものの考え方を揺るがすことがあります。このような経験は旅行の終わりとともに忘れ去られるものではなく、日常生活に戻ってもインパクトを残します。たとえば、旅先で壮大な自然に触れて、小さいことに思い悩んでいる自分を反省し、日常を見直すといったことがそれにあたります。

旅行と同じように、小説や映画などを通して物語に触れることは、読者や視聴者に非日常的な経験を提供して楽しませるだけでなく、その人のものの見方や考え方を変化させることがあります。もちろん、物語の中で描かれる内容は現実のものではありません。しかし、物語の世界に触れているとき、私たちは日常を忘れてその内容に夢中になり、物語の中で起きている出来事をあたかも現実のように感じたり、そこでいきいきと行動する登場人物たちを身近に感じたりすることがあります。そして、そこから現実に戻ってくるときには、何らかの変化が私たちに現れます。この経験全体を、Gerrigは物語への移入と呼んだのです[19][*3]。

物語を読み進める際、読者は本文に描かれている内容をただ受け取っているだけでなく、これまで本文を読み進めることで得た情報や、自分がもともと持っている知識などを使って無意識のうちに本文を補完しながら、物語で描かれている世界に積極的に関わっています。こうした物語を理解する心の仕組みについては、認知心理学の分野で多くの研究がなされています。この過程がスムーズに進み、読者（あるいは視聴者）が物語世界を現実に近い形で経験しているとき、物語移入が起きているということになります[*4]。

＊3　日本語では感情移入という言葉がありますが、transportationには感情以外にも、注意や想像といった他の心的過程が関係することや、特定の登場人物ではなく物語全体に入り込む過程であることが明確に分かるよう、あえて感情という言葉を含まずに、「物語移入」という訳語を用いています。

物語移入に似た概念として、登場人物に対する同一視（identification）が挙げられますが、同一視と物語移入には違いがあります。移入も同一視も物語に夢中になっている様を表す言葉ですが、登場人物に対する同一視は、物語の中の特定の登場人物に自分を重ね合わせる過程を指します。一方、物語移入は特定の登場人物というよりも物語世界の中に入り込む過程を指し、登場人物になりきるというより、登場人物の言動をすぐそばで見聞きし、現実のもののように感じる過程を指します。両者は同時生起することも多いのですが、その影響の仕方は異なるという指摘もあります[22]。

また、物語移入は単なる集中や丁寧な情報処理とも異なる特徴を持っています。それは、物語内容に沿った形で情報処理が進むという方向性を持つことです。たとえば、コンテストで作品の質を評価するような場合には、物語の中で登場人物に何が起きているかということよりも、文章表現やカメラワークなど、それがどのように表現されているかというテクニックに目が行くでしょう。好きなアイドルが出演しているドラマを見ているときには、そこでのアイドルのふるまいの素敵さにばかり目が行き、物語の展開はあまり心に残らないということもありえます。これらはいずれも、物語で提供される情報をしっかりと処理していることになりますが、物語への移入とは異なる過程です。

Gerrig が提唱した移入の概念を、より実証可能な形で検討した研究を発表したのが、社会心理学者の Melanie Green と Timothy Brock です。彼女らは、移入を「注意、想像、感情が物語に収束する過程」と説明し、移入の程度を測る心理尺度である移入尺度を開発しました。移入尺度はどの物語にも共通して使用する項目と、物語の登場人物に応じて内容を編集する項目から構成されます（**表4-1**）。そしてその尺度を用いて

＊4　紙面の都合から、本章ではそもそも人がどのようにして物語を理解しているのか、という点は扱いません。こうした点に関心がある方は、文章理解研究のテキスト[20]を参照してください。また、同一視以外の類似概念についても、他の文献[21]を参照するとよいでしょう。

表 4-1　日本語版物語への移入尺度短縮版の項目

物語で描かれている場面に自分がいるように感じた。
物語を読んでいるあいだ，物語に入り込んでいるように感じた。
読んでいるとき，この物語の結末を知りたいと思った。
この物語は自分の感情に影響を与えた。
「(登場人物名)」の様子をはっきりとイメージすることができた。

＊標準版の項目内容は小山内・楠見（2016）[24]を参照すること。

（小山内・楠見，2016をもとに著者作成）

人々の移入に差があることを量的に示したうえで、物語への移入が物語説得においてどのような役割を果たすのかを詳細に検討し、二〇〇〇年に論文にまとめました[23]。

この論文の中で Green と Brock は移入尺度の開発を行い、その尺度で測定された物語移入の程度が、物語の内容に準じる方向への態度変化の強さに影響することを示しています。この研究では、一時退院していた攻撃性の高い精神疾患患者によって、幼い少女がショッピングモールで刺殺されるという、かなりショッキングな内容の物語が用いられました。実験参加者はこの物語を読んだ後で移入の尺度に回答し、高得点者（よく移入した者）と低得点者に分けられました。そして、同様の事件が現実にも起こる可能性や、精神疾患の患者を公的に監視する政策をどの程度支持するかを答えました。その結果、移入の高得点者は低得点者と比べて、同様の事件が現実にも起きる可能性を高く見積もり、公的監視政策を支持しやすいという結果が見られたのです（**図 4-1**）。驚くべきことに、小説がフィクションだと伝えられた場合でも、ノンフィクションだと伝えられた場合でも、物語移入が生じていると態度が大きく変わるという結果に違いはありませんでした。物語説得の効果を左右するのは、それが現実を反映しているかではなく、読者がその物語に夢中になり、そこでの出来事を現実のように感じられるかということが重要だということが、実証的に示されたということになります。

物語の効果について検討する研究はそれまでにもあったのですが、この Green らの二〇〇〇年の論文以降、その数は飛躍的に増加して現在に至ります。たとえ

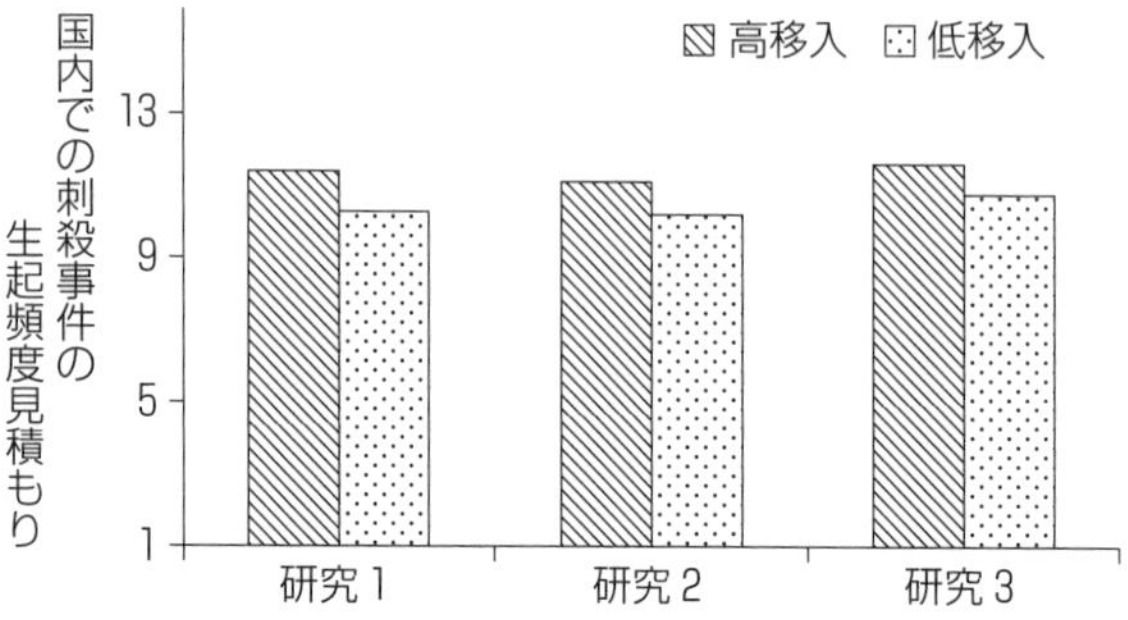

図4-1　Green & Brock（2000）の実験結果

（Green & Brock, 2000をもとに著者作成）

ば消費者行動研究では、物語広告の効果などを検討する際に物語への移入やそれに準じる概念を考慮した研究が行われています。たとえばEscalasら[25]は、実際に放映されている物語形式の広告に対する移入と広告製品に対する感情や態度を測定し、移入（この研究ではbeing hookedと呼ばれていました）が広告に対するポジティブ感情を高め、広告評価や購買意図をポジティブにすることを示しています。

一方、WangとCalder[26]は、広告によって物語移入が妨害されることの影響を検討しています。彼らの研究では参加者は短編小説を読むのですが、小説の途中または最後に印刷広告が挿入されます。参加者が小説を読み終わった後に、広告製品に対する評価を求めたところ、小説に移入した参加者は移入していない参加者と比べ、物語の最後に呈示された広告製品に対しては好意的ですが、途中で呈示された広告製品はネガティブに評価していました。これは、途中呈示された広告が、物語への移入を邪魔するものとして位置づけられたためです。

その他、Hambyら[27]や安藤[28]は、製品のユーザーレビューを物語素材として取り上げ、レビューが物語としての特徴を備え、それに対する移入が高いほど、紹介されている製品やサービスの購買意図が高まることを示しています。

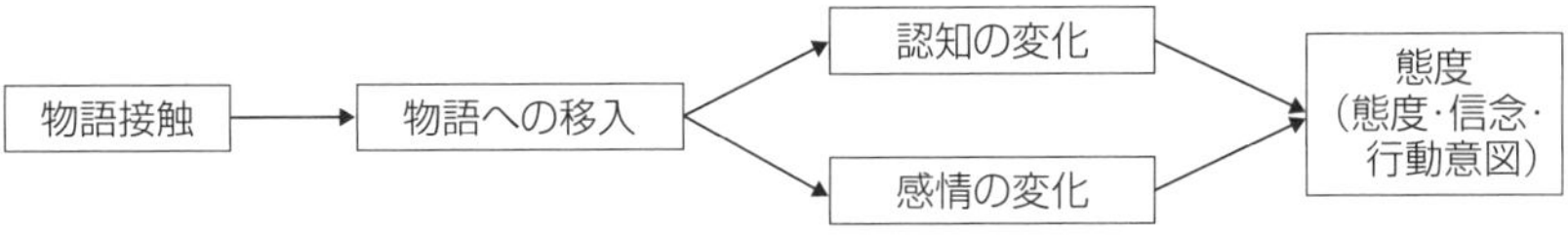

図 4-2　小森（2016）による各モデルの統合（小森，2016, p.192を著者一部改変）

4　物語はいかにして人々の心を動かすのか

ここまで、物語に移入するほど物語内容に準じる形の態度変化が生じることを示した研究を紹介してきました。それでは、物語への移入はどのようにしてこうした変化を生じさせているのでしょうか。そのプロセスを考えるには、物語に移入することが読者の認知や感情をどのように変えるのかをとらえる必要があります。移入-想像モデルをはじめとして、これまでに物語の説得的な影響力を説明するモデルが複数発表されていますが、その多くは認知または感情の変化（またはその両方）の影響を想定しています（**図 4-2**）。ここでは、これら二つの影響プロセスについて説明するとともに、近年新しく提案されている別の見方についても紹介していきます。

A　物語移入によって生じる認知の偏りの影響

まずは、認知の変化を想定したプロセスについて説明します。物語移入が特徴的な認知の偏りをもたらし、それが態度変化につながるという考え方です。Gerrig や Green らは、この偏りを「不信の自発的停止（willing suspension of disbelief）」という言葉で説明しています。不信の自発的停止は、もともと文学批評で用いられた言葉であり、物語の内容に対して疑いを抱かなくなり、そこに書いてあることを無批判に受け入れやすくなるということです。

先ほど紹介したGreenらの二〇〇〇年の研究[23]の一つでは、物語への移入が、この不信の自発的停止をもたらすことを実証的に示しています。この研究は、物語を参加者に読んでもらった後に、「ピノキオ課題」と名付けられた課題に答えてもらうというものでした。ピノキオ課題とは、物語を読んでいる最中に不自然に思ったところを書き出してもらう課題です。実験の結果、ピノキオ課題の成績は物語に移入した参加者ほど悪い、すなわち物語に移入した参加者ほど物語の内容に疑念を持たずに読み進めたという結果が得られました。たとえ物語の中で誤った情報や歪んだ情報が伝えられている場合でも、読者は物語に移入しているときには、それが間違っている可能性や別の説明が成り立つ可能性、現実的に考えてどうかということを頭に思い浮かべることが難しくなり、結果として物語の中で主張されたりほのめかされたりした考え方に従うようになるのです。

物語移入は、物語に込められた説得意図を見過ごさせる方向に働くことも指摘されています。物語の中には、特に説得の意図を持たず、純粋なエンターテイメントとして作られるものがある一方で、物語広告のように明確な説得意図を持って制作されるものも存在します。一般的に、人は相手が自分のことを説得しようと思っていることを感じ取ると、自分の態度をかたくなにし、説得を受けないようにします。しかし、物語に移入している際には、人々は物語の中で描かれている出来事のみに注意が向いてしまうため、制作側の説得意図などを考慮しなくなり、説得が成功しやすくなるのです。

さらに、物語移入が生じているときには、書かれている内容と一貫する思考や、そこに書かれている内容を支持するような思考が増えることも示されています。たとえば、McFerranら[29]は、宝くじを宣伝する物語広告を用いた研究を行っています。この広告は、自宅の地下室で宝くじを握りしめた男性が当選したときに何をしようかと想像を膨らませるところを描いていますが、この広告に移入した参加者は、自分自身が当選したら何をしようかを想像しやすく、また、自分の当選見込みを高く答えていました。宝くじで高額当選する可能性は極めて低いですが、宝くじに外れる経験は物語広告では描かれていないため、それについては考慮しなかったということになります。物語の展開やその中でほのめかされる主張に都合の良い内容だけが頭に思い浮かぶことにより，それらがよりもっともらしく感じられ，態度変化が生じるということになります。

物語説得にこうした認知の変化を導く特徴があることは，物語説得独特のメリットとも関連します。それは，事前態度が反物語的，すなわち物語で主張される内容に反対する態度をもともと持っていた人に対して，物語説得が効果的であるということです。説得メッセージを用いた説得・態度変化の研究では，人は自分がもともと持っている態度に準じる内容の説得メッセージを好み，自分のもともと持っていた態度をさらに強めるような方向での説得は喜んで受け入れる一方で，事前態度に反し，それを逆転させようとする試みは受け入れにくいことが分かっています。

しかし，物語説得の研究では，事前態度がネガティブな参加者であっても，説得効果が見られることが繰り返し示されています。たとえば Dal Cin ら[30]は，二つの小説と二つの映画を用いて，移入しやすさの個人差が物語のテーマに関連する態度に及ぼす影響を検討していますが，その研究の中で，物語接触の数週間前に参加者の事前態度を測定し，その効果を検討しています。彼らの研究の結果，物語接触後の態度に影響していたのは事前態度の内容ではなく，物語に移入していたかどうかでした。つまり，特定のトピックに対して批判的な態度を持つ人々であっても，物語に移入することにより，その事前態度に固執することなく態度変化を生じさせたということです。これは，物語移入がもともと持っていた物語内容に関連する疑念や反論を抑制する方向に働きかけるためと考えられています。

B　物語移入によって生じる感情の高まりの影響

物語移入によって生じた感情を影響プロセスの中核に置く考え方もあります。物語の特徴として，登場人物の経験が描かれることで、読者の側にさまざまな感情が生じることが知られています。こうした感情経験は、物語内容を理解する手助けになるだけでなく、社会的スキルの向上にもつながり、物語を離れた現実場面において他者の気持ちを理解する際にも役立つと考えられています[31]。物語を読み進めていくなかで生じる感情は、物語に対する評価を左右するだけでなく、その物語から読者や視聴者がどのような影響を受けるかという問題にも密接に関連しているというのが、感情を物語説得のプロセスに位置づける考え方です。

Greenらは物語の移入の構成要素として感情を挙げていますが、二〇〇〇年の研究では、感情が態度変化に果たす役割は明示されていませんでした。しかしその後の研究で、感情の重要性は大きく取り上げられることになります。たとえばAppelらの研究[32]では、前もって参加者に自分が日ごろどの程度さまざまな感情を感じやすいかを測定する情動強度という尺度に答えてもらったうえで、物語接触の効果を検討しています。そして、ポジティブ感情を感じやすいと答えた人のほうが物語に移入しやすく、態度変化も大きかったという結果を得ています。このパターンは議論形式の説得メッセージに接触した後には見られませんでした。

消費者行動の研究でも、感情の果たす役割を重視した研究が多く行われています。たとえば、ポジティブな内容の物語広告に接触した参加者のポジティブ感情が強いほど、製品評価がポジティブになったり、購買意図が高まったりします[25・33]。Banerjeeらの研究[34]では、登場人物が薬物使用によってトラブルに巻き込まれるTVドラマのエピソード視聴が、視聴者の薬物使用の可能性の見積もりに及ぼす影響を検討しています。この物語に移入した人は悲しみを強く感じる一方で、平和で穏やかな気分は弱めており、そのいずれもが今後の薬物使用の意図を低下させました。

一口に物語から生じる感情といっても、その内容や源泉にはさまざまな違いがありえます。Dunlopら[35]は物語に接した際に生じる感情を、内容に自分を関連づけることで生じる感情・文章や映像に対する感情・物語の展開に対する感情の三つに分け、そのうち行動の変化を直接導くのは自分を関連づけることで生じる感情であると述べています。EscalasとStern[36]は、物語広告の視聴者の感情が広告の登場人物の感情と同一なのか、そうでないのかを区別して、それが物語広告に対する態度に及ぼす影響の違いを検討しています。そして、両者はいずれも広告態度に影響を及ぼしているという結果を得ています。

感情と物語説得の関連を検討する研究は主にポジティブ感情を扱ったものが多く、ネガティブ感情の影響を検討した研究はそれほど多くありません。広告では商品を好意的に描いたり、ポジティブな使用経験を描いたりすることが多いため、消費者行動においてはポジティブ感情の効果が重視されやすいのかもしれません。しかし公共広告などでは、消費者に社会問題の深刻さを知らせ、恐怖や義憤（道徳的な怒り）などのネガティブな感情を生じさせて、必要な対処行動をとるように働きかけるものもあります。ネガティブ感情の効果についても引き続き検討を進めることが必要でしょう。

C　認知・感情プロセスの総括と自己への注目

以上のように、物語移入が人々の態度や行動に影響を及ぼす過程は、認知の変化を想定するものと、感情の変化を想定するものに大別されます。物語説得の効果をまとめたモデルとしては、Greenらの移入-想像モデル[18]、Slaterらの拡張型精緻化見込みモデル（Extended Elaboration Likelihood Model）[37]、Moyer-Gusé らのリアクタンスモデル[38]などがあります。移入-想像モデルでは、反論・疑念の抑制が態度変化プロセスの中核として位置づけられています。拡張型精緻化見込みモデルでは、物語移入などにより影響を受けた批判的な思考と支持的な思考の量の差分が、物語説得が生じる程度を左右すると考えられています。リアクタンスモデルは健康行動を扱った物語の効果を説明するモデルで、物語でほのめかされる主張に対する抵抗感が生じなくなるかどうかが、物語の影響を規定すると考えられています。小森のレビュー論文[39]ではこれらのモデルを一つにまとめ、二つのプロセスから物語説得が生じているとしています（図4-2）。

物語説得研究の蓄積を受けて、近年ではメタ分析の研究結果も報告されています。van Laerらの分析[40]では、物語移入が態度や態度に関連する概念や、各プロセスを反映した指標に及ぼす影響の大きさを評価しています。それによれば、物語移入が認知プロセスを反映した指標に及ぼす影響の効果サイズは「小さい」と評価されています。一方で、感情プロセスを反映した指標の効果サイズは「大きい」と評価されています。物語のリアリティに関する判断は移入が損なわれているときのみに生じると指摘する研究者もいることから[41]、認知の偏りは必ず生じるものではないのかもしれません。

近年では、認知や感情の変化とは異なるプロセスに注目する研究も発表されています。その一つが自己です。たとえばEscalasの研究[42]では、物語移入が自己参照を生じさせ、それがブランド態度に影響するということが示されています。ここでいう自己参照とは、自分の類似経験を思い出すといったことを指します。物語移入が自己効力感を高めるという研究も報告されており[43]、これは観察学習が自己効力感につながるという古典的な知見とも一貫します。ただし物語移入は、現実や現実の自分への注意を減らし、それを物語の登場人物や出来事に集中させるといった過程を含んでいるため、自分の現実の経験を思い出す過程が移入にどう関係するのかということは、はっきりと説明されてはいません。これに関して、Johnsonら[44]のTEBOTSモデルでは、物語移入が自己の境界線をぼやけさせ、一時的な自己拡張を可能にするという議論が行われています。物語移入は現実の自分から意識を逸らす方向に働くけれども、過去の自分によって影響を受ける部分と、未来の自分に影響を及ぼす部分を持つのかもしれません。

プロセスとは別に、近年、消費者行動の研究で注目されている現象は、消費者が自分で生成した物語に移入することで広告の効果が高まるという過程です。たとえばKimら[45]は、高級ブランドの広告を用いて、韓国・フランス・オーストラリアの三カ国での物語説得の生じ方を比較検討しています。その結果、いずれの国でも、参加者はブランド広告から短い物語を作り出すことができ，その物語に移入していたという結果を得ています。別の研究では，イノベーティブな製品が流通するかどうかは，消費者がその製品の使用に関する物語を自己生成し，それに移入するかどうかが重要という結果が得られています[46]。これまでになかったような革新的な製品については，消費者は事前の経験を持たないだけでなく，その製品をどのように日常生活において活かしていくかもよく分かっていません。もし消費者に十分な知識があれば，使用経験を自分の中で物語として生成することが可能になり，その物語に対して移入することで，購買意図を高めることが可能です。今後は，どういった物語が多くの消費者の移入を誘うかという観点だけでなく，どういった要因により移入可能な物語を自己生成できるようになるのかなどを検討することも有用でしょう。

5　おわりに

このように多くの研究は，物語説得の成否を決めるのは物語移入が生じるかどうかであることを示しています。ただし，両者の関連は見られなかったとする研究や，一部の従属測度にしか影響を持たなかったという研究もあります[47]。さらに，物語を使うことそのものの効果についても，必ずしも「効果的」という結論が出ているとは限りません。たとえばShenら[48]は，物語を用いた健康行動への働きかけの研究の目的を検出（疾患や問題の発見），予防（疾患や問題発生の防止），中断（すでに行っている不適切行動の改善）の三つに分け，それぞれで物語がどの程度効果をあげているかを調べるメタ分析を行っていますが，検出と予防では顕著な効果が見られるものの，中断では明確な効果が出ていないと結論づけています。今後は物語説得としてひとくくりにされている研究の細かい違いに目を向け，精緻な理論を組み立てていくことも重要です。

さらに、物語を用いた働きかけのデメリットにも目を向けることが重要です。ここまで見てきたように、物語は効果的な説得手段と言えそうです。しかし、物語はあくまで事実を著者の視点からとらえたものであり、同じ出来事であってもさまざまな形で物語を作ることが可能です。特定の物語に移入し、その内容に準じた態度変化を生じさせることは、それ以外の考え方の可能性に目をつぶるということにもなりえます。価値観が多様化する現代において、さまざまな物語が成り立つ可能性やそのリアリティに目を向け、バランスの取れたものの見方を涵養することは、多様性を尊重する現代社会においてはよりいっそう重要です。

【引用文献】

（1） Spielberg, S. (1982) *E.T. The extra-terrestrial.*

（2） Fournier, S. & Doan, R. J. (1997) Launching the BMW Z3 Roadster. *Harvard Business School Case* **597-002**, 1-25. February 1997. (Revised January 2002.)

（3） Spielberg, S. (1975) *Jaws.*

（4） Francis, B. (2012) Before and after 'JAWS': Changing representations of shark attaks. *The Great Circle,* **34**(2). Australian Association for Maritime History, pp. 44-64.

（5） Neff, C. (2015) The Jaws effect: How movie narratives are used to influence policy responses to shark bites in Western Australia. *Aust. J. Polit. Sci.,* **50**(1), 114-127.

（6） Leung, M. M., Tripicchio, G., Agaronov, A., & Hou, N. (2014) Manga comic influences snack selection in black and hispanic New York City youth. *J. Nutr. Educ. Behav.,* **46**(2), 142-147.

（7） Moyer-Gusé, E., Jain, P., & Chung, A. H. (2012) Reinforcement or reactance? Examining the effect of an explicit persuasive appeal following an entertainment-education narrative. *J. Commun.,* **62**(6), 1010-1027.

（8） Allen, M. & Preiss, R. W. (1997) Comparing the persuasiveness of narrative and statistical evidence using meta-analysis. *Commun. Res. Reports,* **14**(2), 125-131.

（9） Krakow, M. M., Yale, R. N., Jensen, J. D., Carcioppolo, N. & Ratcliff, C. L. (2018) Comparing mediational pathways for narrative- and argument-based messages: Believability, counterarguing, and emotional reaction. *Hum. Commun. Res.,* **44**

(3), 299–321.

(10) Gray J. B. & Harrington, N. G. (2011) Narrative and framing: A test of an integrated message strategy in the exercise context. *J. Health Commun.*, **16**(3), 264–281.

(11) Greene, K. & Brinn, L. S. (2003) Messages influencing college women's tanning bed use: Statistical versus narrative evidence format and a self-assessment to increase perceived susceptibility. *J. Health Commun.*, **8**(5), 443–461.

(12) Zajonc, R. B. (1968) Attitudinal effects of mere exposure. *J. Pers. Soc. Psychol.*, **9**(2), 1–27.

(13) Hovland, C. I. & Weiss, W. (1951) The influence of source credibility on communication effectiveness. *Public Opin. Q.*, **15**(4), 635–650.

(14) Bandura, A. (1986) *Social foundations of thought and action: A social cognitive theory.* Prentice-Hall.

(15) Hinyard, L. J. & Kreuter, M. W. (2007) Using narrative communication as a tool for health behavior change: A conceptual, theoretical, and empirical overview. *Health Educ. Behav.*, **34**(5), 777–792.

(16) Bandura, A., Ross, D., & Ross, S. (1961) Transmission of aggression through imitation of aggressive models. *J. Abnorm. Soc. Psychol.*, **63**(3), 575–582.

(17) Bandura, A., Ross, D., & Ross, S. (1963) Vicarious reinforcement and imitative learning. *J. Abnorm. Psychol.*, **67**(6), 601–607.

(18) Green, M. & Brock, T. (2002) In the mind's eye: Transportation-imagery model of narrative persuasion. In M. C. Green, J. J. Strange & T. C. Brock (Eds.), *Narrative impact: Social and cognitive foundations.* Lawrence Erlbaum Associates, pp. 315–341.

(19) Gerrig, R. J. (1993) *Experiencing narrative worlds: On the psychological activities of reading.* Yale University Press.

(20) 大村彰道（2001）『文章理解の心理学――認知、発達、教育の広がりの中で』北大路書房

(21) 小山内秀和（2017）『物語世界への没入体験――読解過程における位置づけとその機能』京都大学学術出版会

(22) Sestir, M. & Green, M. C. (2010) You are who you watch: Identification and transportation effects on temporary self-concept. *Soc. Influ.*, **5**(4), 272–288.

(23) Green, M. C. & Brock, T. C. (2000) The role of transportation in the persuasiveness of public narratives. *J. Pers. Soc. Psychol.*, **79**(5), 701–721.

(24) 小山内秀和・楠見孝（2016）「物語への移入尺度日本語版の作成と信頼性および妥当性の検討」『パーソナリティ研究』二

五巻一号、五〇-六一頁

(25) Escalas, J. E., Moore, M. C., & Britton, J. E. (2004) Fishing for feelings? Hooking viewers helps! *J. Consum. Psychol.*, **14**(1&2), 105-114.

(26) Wang, J. & Calder, B. J. (2006) Media transportation and advertising. *J. Consum. Res.*, **33**(2), 151-162.

(27) Hamby, A., Daniloski, K., & Brinberg, D. (2015) How consumer reviews persuade through narratives. *J. Bus. Res.*, **68**(6), 1242-1250.

(28) 安藤和代 (2015)「クチコミのナラティブ構造が受け手の評価に与える影響――ブログ記事へのナラティブトランスポーテーション効果に注目して」『消費者心理学研究』二一巻一-二号、二五-四六頁

(29) McFerran, B., Dahl, D. W., Gorn, G. J., & Honea, H. (2010) Motivational determinants of transportation into marketing narratives. *J. Consum. Psychol.*, **20**(3), 306-316.

(30) Dal Cin, S., Zanna, M. P., & Fong, G. T. (2004) Narrative persuasion and overcoming resistance. In E. S. Knowles & J. A. Linn (Eds.), *Resistance and persuasion*. Lawrence Erlbaum Associates, pp. 175-192.

(31) Oatley, K. (2002) Emotions and the story worlds of fiction. In M. C. Green, J. J. Strange & T. C. Brock (Eds.), *Narrative impact: Social and cognitive foundations*. Lawrence Erlbaum Associates, pp. 39-69.

(32) Appel, M. & Richter, T. (2010) Transportation and need for affect in narrative persuasion: A mediated moderation model. *Media Psychol.*, **13**(December), 101-135.

(33) 下村直樹 (2014)「物語広告による感情の喚起は広告効果にどのように結びつくのか?」『北海学園大学経営論集』一一巻四号、一九五-二一五頁

(34) Banerjee, S. C. & Greene, K. (2012) Role of transportation in the persuasion process: Cognitive and affective responses to antidrug narratives. *J. Health Commun.*, **17**(5), 564-581.

(35) Dunlop, S. M., Wakefield, M., & Kashima, Y. (2008) Can you feel it? Negative emotion, risk, and narrative in health communication. *Media Psychol.*, **11**(1), 52-75.

(36) Escalas, J. E. & Stern, B. B. (2003) Sympathy and empathy: Emotional responses to advertising dramas. *J. Consum. Res.*, **29**(4), 566-578.

(37) Slater, M. D. & Rouner, D. (2002) Entertainment-education and elaboration likelihood : Understanding the processing of narrative persuasion. *Commun. Theory*, **12**(2), 173-191.

(38) Moyer-Gusé, E. (2008) Toward a theory of entertainment persuasion: Explaining the persuasive effects of entertainment-education messages. *Commun. Theory*, **18**(3), 407–425.

(39) 小森めぐみ (2016)「物語はいかにして心を動かすのか——物語説得研究の現状と態度変化プロセス」『心理学評論』五九巻二号、一九一-二一三頁

(40) van Laer, T., de Ruyter, K., Visconti, L. M., & Wetzels, M. (2014) The extended transportation-imagery model: A meta-analysis of the antecedents and consequences of consumers' narrative transportation. *J. Consum. Res.*, **40** (February), 797–817.

(41) Busselle, R. W. & Bilandzic, H. (2009) Measuring narrative engagement. *Media Psychol.*, **12**(4), 321–347.

(42) Escalas, J. E. (2004) Narrative processing: Building consumer connections to brands. *J. Consum. Psychol.*, **14**(1–2), 168–180.

(43) De Graaf, A. (2014) The effectiveness of adaptation of the protagonist in narrative impact: Similarity influences health beliefs through self-referencing. *Hum. Commun. Res.*, **40**(1), 73–90.

(44) Johnson, B. K., Ewoldsen, D. R., & Slater, M. D. (2015) Self-control depletion and narrative: Testing a prediction of the TEBOTS Model. *Media Psychol.*, **18**(2), 196–220.

(45) Kim, J. E., Lloyd, S., & Cervellon, M. C. (2016) Narrative-transportation storylines in luxury brand advertising: Motivating consumer engagement. *J. Bus. Res.*, **69**, 304–313.

(46) Nielsen, J. H., Escalas, J. E., & Hoeffler, S. (2018) Mental simulation and category knowledge affect really new product evaluation through transportation. *J. Exp. Psychol.*, **24**(2), 145–158.

(47) Bilandzic, H. & Busselle, R. W. (2008) Transportation and transportablility in the cultivation of genre-consistent attitudes and estimates. *J. Commun.*, **58**(3), 508–529

(48) Shen, F. & Han, J. A. (2014) Effectiveness of entertainment education in communicating health information: A systematic review. *Asian J. Commun.*, **24**(6), 605–616.

第5章 物語の情報処理

——物語をどのようにマーケティングに応用できるのか

【福田怜生】

1 物語マーケティングとは

近年、物語をキーワードとしたビジネスが多く展開されています。たとえば、大手通販サイトのAmazonでは、「Amazon Story」と呼ばれるコンテンツがあります。このコンテンツでは、Amazonのサービスを利用してビジネスを展開している人々が紹介されており、Amazonのサービスを利用した背景や、Amazonのサービスを利用することでどのようにビジネスに変化が生じたかが、伝記のように綴られています。また、大手広告代理店である博報堂は、「物語のある広告コピー」という、あたかも小説のように綴られた広告のコピーを集めた書籍を出版しています。

このような物語マーケティングに関する研究は、一九八〇年代半ばから始まり、二〇一〇年には、マーケティング雑誌（*Psychology & Marketing*）で、「ストーリー理論」の特集が組まれるなど、重要なテーマとして

研究が進められています。物語マーケティングに関する研究は、特に広告研究における広告表現の領域を中心に進められてきました。

物語マーケティングについての代表的な研究者の一人であるEscalasは、物語広告を「問題解決に従事する登場人物が存在し、一連の出来事や行動の結果が描かれている形式の広告」[1]と定義しています。この定義は、物語論や記号論などの文学の知見に基づいたものであり、キーワードとして「登場人物」「問題解決過程と結果」といったものが挙げられます。そのため、広告だけでなく、小説や映画、漫画などの物語にも適用できる定義であることが分かります。

しかし、研究上でもビジネス上でも、物語「マーケティング」という語を用いた場合に、共通の定義があるわけではありません。Escalasの定義は、あくまでも物語広告に限定されるものです。この理由の一つには、「物語」という語それ自体が、日常的かつ多義的に使用されていることも関係していると思われます。日本において物語マーケティングという言葉を広めたのは、福田敏彦の書籍と言われています。この書籍において物語マーケティングは、「物語性を軸に市場を解読し、物語性を軸に商品・店舗・企業コミュニケーション他を開発する方法論」[2]と定義されていますが、この〝物語性〟がどのようなものかは明確に記されていません。また、この書籍では、物語に関しても定義されていますが、その定義を見ると、「出来事や行為をつながりを持った形で語るもの」[2]とあり、小説などの物語と対比されてとらえられる説明文のような文章も、この定義に含まれてしまいます。このようなことを踏まえると、物語マーケティングの再定義が必要な状態にあると考えられます。

一方、この書籍の中では、物語マーケティングの典型としてさまざまな事例についても紹介されています。たとえば、広告の事例以外にも、商品そのものが物語の事例（ＲＰＧゲーム）や、商品の背後に物語を持つ事例（キャラクターのおまけシール付きチョコレート）などが紹介されています。これらの事例は、商品やブランドの価値を向上させたものとして、現在でも物語マーケティングの典型として扱われており、物語マーケティングの定義の範囲に含めるべきものであると考えられます。
そこで本章では、Escalas の物語の定義、および物語マーケティングの典型として扱われている事例を踏まえながら、物語マーケティングを「登場人物の問題解決における過程や結果に消費者を従事させることで、商品やブランドの価値を向上させるマーケティング手法」と定義し、進めていきます。この定義に基づくと、RPGゲームといった消費者自身が主人公となるもの、物語広告といった消費者とは異なる登場人物が出てくるもの、さらには、背後にある物語を消費者自身が創り出すようなものなど、物語広告のキーワードが含まれているさまざまな事象を、物語マーケティングの対象として扱うことが可能となります。

物語マーケティングは商品やブランドの価値を向上させますが、その価値が向上する仕組みはさまざまです。たとえば、広告に物語を用いると、消費者は登場人物の体験を疑似的に体験できるため、商品の使い方や使用するメリットを簡単に理解することができます。これにより商品やブランドの価値が高まるでしょう。マンガを活用して商品の特徴を伝える広告は、その典型と言えます。

また、物語が商品やブランドの価値を向上させる他の仕組みの一つには、消費者がブランドを身近に感じたり、消費者とブランドや商品との結びつきを強化するといった作用が挙げられます。経済成長に伴い市場が飽和していくにつれて、異なる顧客を対象にビジネスを展開するだけでなく、同じ顧客に継続的に購買してもらうことも重要となってきました。つまり、ブランドを身近に感じ、絆を強く感じることは、継続して同じブランドの商品を購入することにつながります。そこで、消費者にブランドとの絆を強固に感じ取ってもらうことは、企業にとって非常に重要なこととなります。先ほどの Amazon Story や、物語のある広告コピーに掲載されている事例はまさに、このブランドを身近に感じさせることによって成功した事例です。

しかし、本当に物語マーケティングは、このような効果を持つのでしょうか。広告を材料とし、物語と非物語を比較し、物語がもつ効果について実証した研究があります[3]。Escalas では、物語の特徴の一つに「時間軸」

があることに着目し、時間軸を操作し、物語広告と非物語広告とを作成しました。実際のＴＶ広告をキャプチャーした十個の画像を作成し、実際の広告どおりに時間軸に沿う形で呈示する場合（物語広告条件）と、ランダムに呈示する場合（非物語広告条件）の、二つの条件を作成しました。さらにこの研究では、自己とブランドとの結びつき（Self-Brand Connection）の強さを測る尺度が用いられており、各条件の実験参加者が広告を視聴した後に、この尺度への回答を求められました。実験の結果、物語広告条件のほうが、非物語広告条件よりも、ブランドに対する態度や購買意図が高いことが分かりました。さらにそれだけでなく、ブランドとの結びつきも高いことが明らかになりました。このように、物語を活用したマーケティングは、企業にとって重要な効果をもたらすマーケティング手法となっていることが明らかにされました。

次節では、物語マーケティングでも、特に研究が進められている広告の領域を取り上げ、その研究がどのように進められてきたのか、歴史を追って見ていきます。

2　物語広告に関する研究の流れ

物語広告に関する研究は、一九八〇年代から始まり、現在でも研究が進められています。これらの研究は大きく二つに分けられます。一つは、物語広告の構造に着目した「広告形式」に関する研究です。この研究は、物語広告とは何かといったことや、効果が高い物語広告はどのようなものかについて、文学の研究を応用しながら検討がなされています。もう一つは、物語広告が生み出す消費者の情報処理あるいは、その結果としての反応に着目した「消費者」に関する研究です。この研究では、消費者が物語広告を視たり聴いたりするなかで感じる気持ちや考えがどのようなものであるかといったことや、それらの気持ちや考えがどのようなプロセスで生起するのかといったことについて、心理学の研究を応用しながら検討がなされています。

もちろんのことながら、これらの研究は相互に関連しています。物語広告に対する「消費者」の情報処理について検討するためには、物語広告が何かが明確である必要であり、「広告形式」に関する研究の知見が必要だからです。一方で、効果的な物語広告の構造とはどのようなものなのかといったことを考えるうえで、消費者がその物語をどのように理解しているのかといったことを考えることは不可欠だからです。

したがって、これらの研究は相互に関連していますが、各研究がどちらの視点でなされているかといったことについては、ある程度弁別することが可能です。そこで、一九八〇年以降、物語広告の研究がどのような視点で進められてきたかを、**図5-1**に整理してみました。この図の横軸は年代であり、縦軸は消費者視点なのか広告形式視点なのかを表しています。この図は、著者が主観的に研究を評価し作成したものですので、必ずしも厳密ではないことに注意していただきたいのですが、ある程度の研究の流れを理解するためには有効でしょう。

図5-1を見ると、広告表現の視点に関する研究は、一九八〇年代半ばから一九九〇年代にかけて盛んに行われ、それ以降少なくなっていることが分かります。一方、消費者の視点に関する研究は、一九九〇年代から現在に至るまで多くなされており、物語広告研究の主流であることが分かります。このように、消費者の視点に関する研究が多い理由の一つは、効果が高い広告にどのような要因が強く関与しているかを明らかにしようと考える際、消費者それぞれが、どのように広告を見て、頭の中で処理をしているかが分からなければ、その答えが見出せないことが分かってきたからです。また、心理学研究の発展により、人が頭の中でどのように情報処理をしているかを、実験で確かめられるようになってきたことも、理由の一つと言えます。そもそも、人はどのようにして、物語であるか、物語でないかを判断しているのでしょうか。筆者は、消費者が持っている「知識」が判断に影響を与えるかどうかを調べるため、次のような実験を行いました。

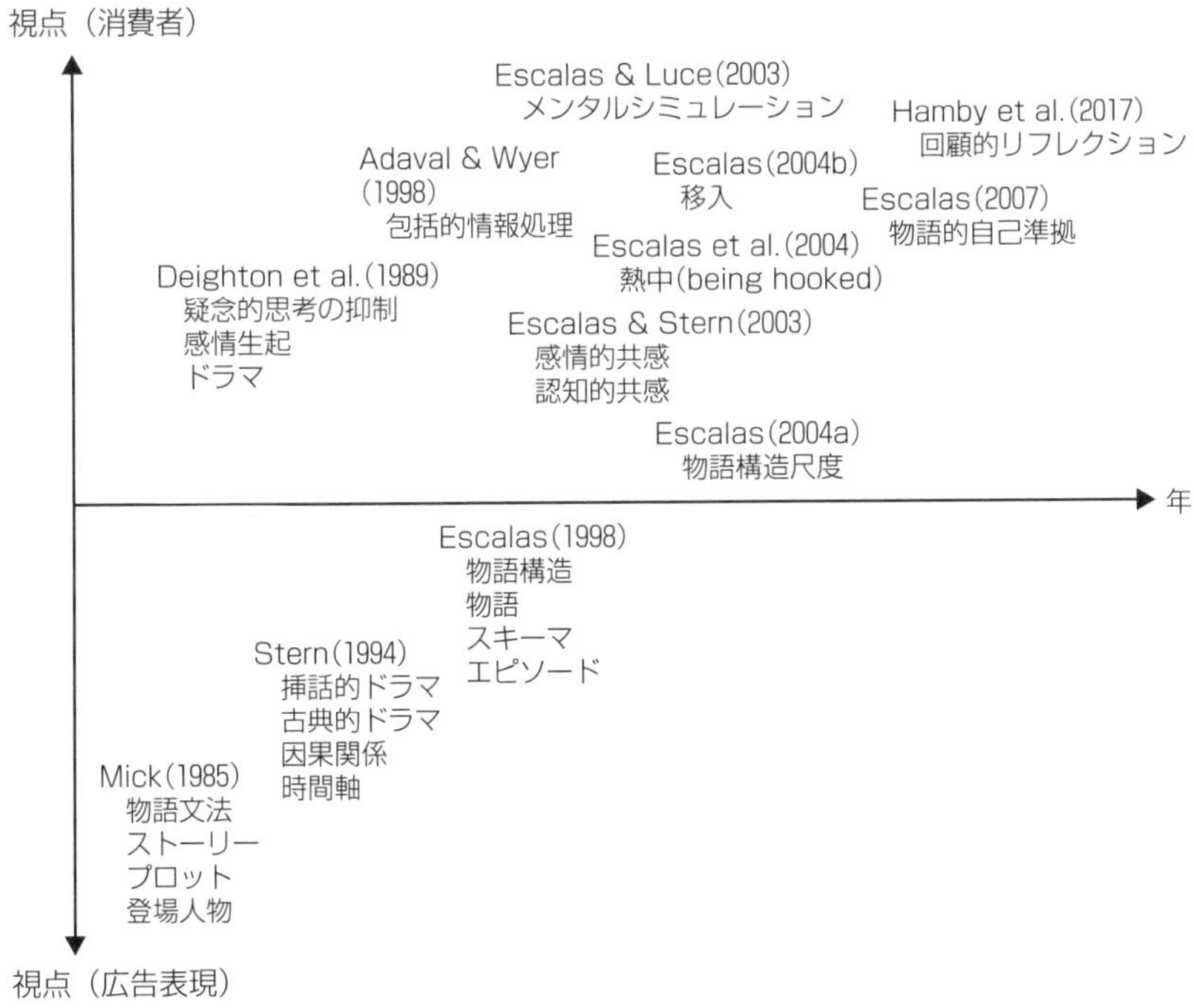

図 5-1　1980年代から現在に至るまでの物語広告の研究の視点

実験では、実験参加者に犬が描かれた一枚の絵を見てもらったうえで、当該情報が物語かどうかを判断するための尺度（物語性尺度）の一部に回答してもらいました。ここで、実験参加者は三つの条件に分けられました。一つ目は何も伝えられず絵を見る条件（統制条件）、二つ目は描き手の家のリビングで描かれたものであると伝えられる条件（状況伝達条件）、三つ目は犬が亡くなる前日に描かれたものであると伝えられる条件（感情伝達条件）でした。それぞれの条件で物語かどうかの指標を比較したところ、感情伝達条件、状況伝達条件、統制条件の順に、この絵を物語であると判断していることが明らかになりました。このように、読み手の知識によって当該情報が物語かどうかは異なる可能性があります。つまり、客観的に物語かどうかを判断することができない場合があり、物語とは何かを明らかにするうえでも、消費者の視点を取り入れることが非常に重要になります。

また、消費者の視点に関する研究が多いもう一つの理由は、物語広告に関する研究に限らず、マーケティング研究において一九七〇年代以降、消費者の情報処理を検討する研究が大きな位置を占めるようになったからです。それまでのマーケティング研究では、マーケティング活動の結果を予測することが一つの大きな目的でした。そのため、これらの研究では、マーケティング活動とその成果（あるいは売り上げ）との関係を測定し、分析してきました。しかしながら、前述したように、それだけでは消費者の正確な行動が予測できず、その精度を向上させるために消費者の心理面を検討する必要性が指摘されました。消費者がどのように情報処理を行っているかを明らかにする研究のなかで、二重過程理論という有力な理論が提唱されました。

この理論によると、消費者の動機づけと知識の量によって、情報処理のパタンが異なるとされています。一つのパタンは、中心的情報処理と呼ばれるもので、当該情報に対する知識と情報処理への動機づけの両者が高い場合に生じるものです。このような情報処理では、商品機能などの商品を使用するにあたり、重要な情報をもとに商品への態度を形成します。一方、もう一つのパタンは周辺的情報処理と呼ばれ、知識と動機づけのどちらか一方でも欠けた場合に生じるとされます。周辺的情報処理が生じた場合、消費者は、広告に出ていたタレントが有名か無名かといった、商品を使用するに当たりあまり重要ではない情報を処理し、態度を形成します。

たとえば、ひげ剃りの購買意思決定を考えてみましょう。男性の場合、女性と比較してひげ剃りに対して興味関心や知識があります。そのため、その商品の切れ味がどの程度かといった、商品を使用するうえで重要な情報をもとに、当該商品の好き嫌いが決まります。一方、女性の場合、男性よりも興味関心や知識がないため、広告にどのようなタレントが出ていたかといった、商品を使用するにあたりあまり重要ではない情報によって、商品の好き嫌いが決まります。この二重過程理論は、消費者の行動を高い精度で予測、説明できる、有力な理論とされています。

ただし、この二重過程理論は、いくつかの前提条件によって成り立っています。その前提の一つに、「人は正しいものを探し求める」といったものがあります。購買意思決定に直面した消費者が、当該商品を説明する広告を認識する場合には、消費者は広告の中から主観的に正しいと思われる情報を探し求めると思われます。

しかし、物語広告では、広告それ自体を自己充足的に楽しむといった情報処理が生じることが少なからずあります。このような場合、消費者は正しい情報を探し求めているとは必ずしも仮定できないのではないでしょうか。このことから、物語広告の情報処理は、二重過程理論では説明できないと主張する研究が登場しました。二重過程理論に対する批判的アプローチから、物語広告を検討する研究が数多く存在しています。これが、消費者の視点から検討する研究が多いもう一つの理由と言えます。

これらの二つの理由から、物語広告に関する研究では、消費者の視点を取り入れた研究が多くなされるようになってきました。現在ではその成果として、消費者が物語広告を視聴したときにどのように情報処理を行っているかが少しずつ明らかになってきており、その情報処理が広告効果に及ぼす影響や、広告効果が高まりやすい消費者の特性についても明らかになりました。さらには、当該広告が物語かどうかを判定するための指標なども開発され、物語広告に関する研究は飛躍的に進んだと言えます。

ただし、このような消費者の視点から物語広告を検討した研究が増えるにつれ、現在ではいくつかの課題が浮上してきています。ここでは、それらの課題のうち二つを取り上げます。課題の一つは、物語広告に対する消費者の情報処理の研究が中心となることで、物語広告と他の広告形式との関係が不明確になっていることです。物語広告の情報処理の研究の一部は、二重過程理論の説明対象となっている「情報提供広告」と、物語広告の情報処理を比較することで研究が進められてきました。情報提供広告とは、「商品やブランドに関する事実を、明快で論理的な方法で提示している広告[4]」と定義されます。このような定義から、情報提供広告を処理する消費者の目的の一つは、商品やブランドの情報取得であると考えられ、広告それ自体を楽しむ物語広告とは、消費者の情報処理の目的が異なると考えられます。そのため、物語広告と情報提供広告は対比されて研究が進められてきました。

一方、現実の広告を見ると、商品の説明をしながら物語を伝えるような広告も、少なからず存在しているように思われます。このようなことを考えると、原点に返り、物語広告と商品説明をする広告の相違点について、再整理する必要があるのではないでしょうか。

もう一つの課題は、研究間で取り上げられている情報処理の概念が共通していないことです。新たな情報処理概念を提唱したり、他の研究領域から援用したりするなどして、物語広告で生じる情報処理を説明する複数の概念が用いられています。しかし、それらの情報処理概念が整理されないまま検討が続けられており、各概念の関性が不明確になってきています。

そこで次項では、物語広告と他の広告形式との関係が不明確、また各情報処理概念が整理されていないといった問題に取り組むための、二つの視点から行った研究を紹介します。

3 物語広告と情報提供広告との関係

まず、福田[4]の研究を紹介します。これまでの物語広告の構造をとらえたEscalas[3]の研究では、広告の物語らしさを測定するための尺度（Narrative Structure Code、物語性尺度）が開発されています。この尺度には、物語論や記号論の研究で指摘されている、物語構造である五つの要素を測定する質問項目が含まれます。その五つの要素とは、「時間軸」「プロット」「登場人物の意図や思考」「広告内で生じる複数の出来事の因果関係」

「具体的な出来事」です。この尺度によると、これらの情報が描かれていればいるほど、物語としての質が高く、物語らしい広告と判断することができるとされています。

物語性尺度が開発された当初は、数名の評定者が当該広告の物語性を評定する、という手続きがとられていました。しかし、その評定結果は、個々の評定者によって大きく異なる可能性があります。そこで、近年の研究では、多くの実験参加者が物語性を評定し、その平均値が比較対象とする広告形式より高いもの、あるいは尺度項目の真ん中よりも高いものを、物語広告と見なすという手続きもとられるようになっています。

一方、二重過程理論の「人は正しいものを探し求める」という前提に合致するような広告形式の代表として、情報提供広告が挙げられます。情報提供広告の測定尺度は、情報提供性尺度と呼ばれ、ブランドや商品に関する情報の「論理性」や「客観性」「明確さ」などによって構成されています。

物語性と情報提供性の尺度や、それぞれの広告の定義と、実際に存在する広告を思い浮かべてください。実際の広告では、登場人物の気持ちや思考が描かれながらも、商品やブランドの機能や特徴を論理的に説明するようなものもあるのではないでしょうか。つまり、物語性と情報提供性の両者が高い広告も存在すると考えられます。これまでの研究では、物語広告と情報提供広告の効果や情報処理を比較してきましたが、このような両者が高い広告も存在するはずであり、その広告の情報処理や効果についても再検討すべきと考えられます。

そこで、福田[4]の研究では、広告電通賞を受賞した広告作品七十九本について、四名の評定者が物語性と情報提供性を評定することで、広告形式を明らかにしました。実際に七十九本の広告の情報提供性と物語性がどのようになっているのかをプロットしたものが、**図5-2**になります。各広告形式の本数を見ると、七十九本の広告のうち、情報提供性のみが高いもの（情報提供広告）は十二本、物語性のみが高いもの（物語広告）は二十三本、物語性も情報提供性も高いもの（物語情報提供広告）は十九本と、物語情報提供広告は、情報提供広告よりも多く存在していることが明らかになりました。また、物語性と情報提供性との相関分析も行ってみま

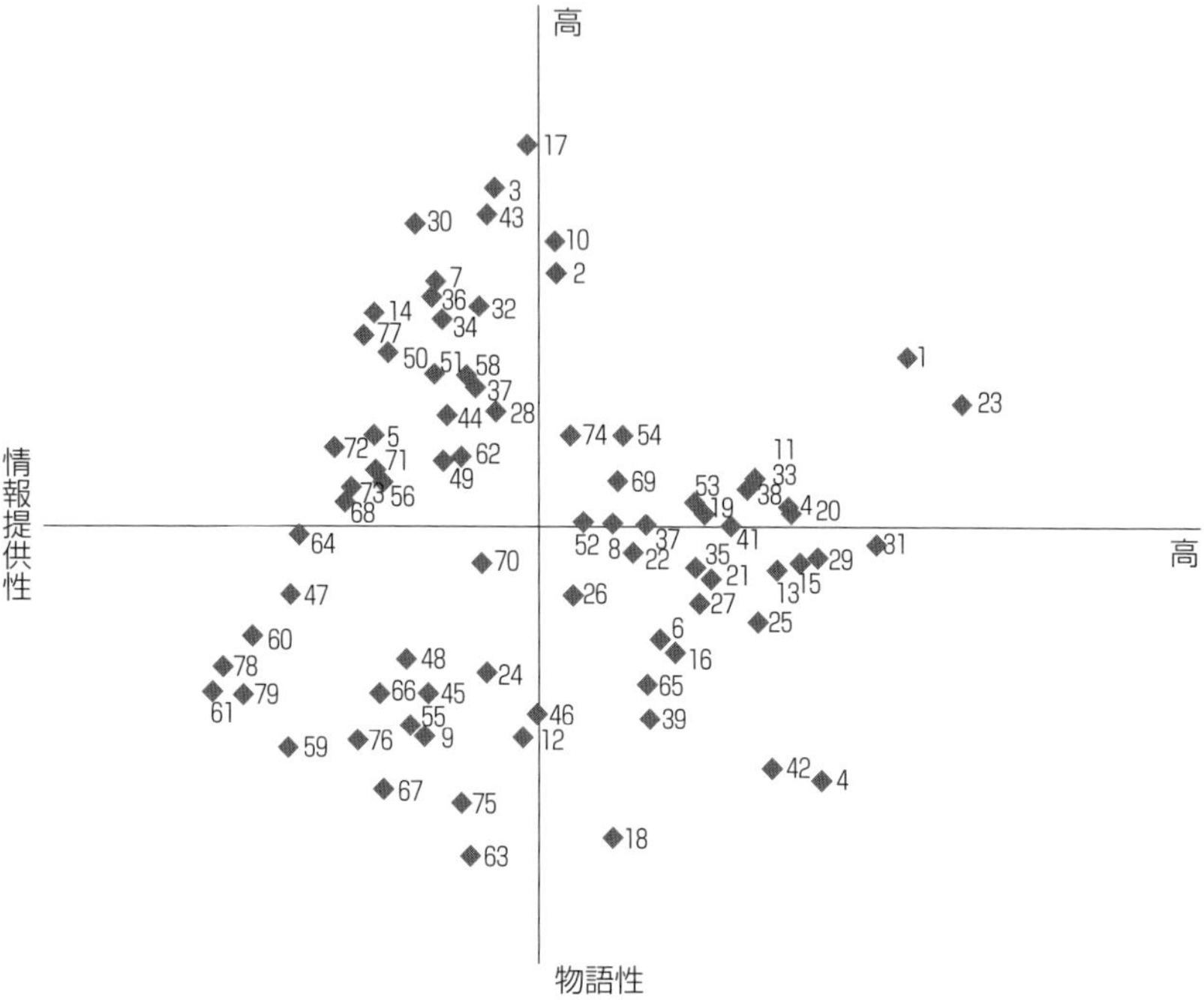

図5-2　広告電通賞を受賞した広告79本のプロット図

した。もし物語性と情報提供性が相反するのであれば、相関関係は高くなり、負の相関関係が認められるはずです。分析の結果、それらの間には正の相関関係が認められました。また、その関係の強さは非常に弱いものでした。これらの結果は、一つの広告において物語性と情報提供性が独立して作用しているということを意味しています。

ただし、この実験の材料とした広告は、広告電通賞を受賞した広告であり、通常の広告とは異なる特徴をもつかもしれません。そこで、著者は、新たに一般に放映されている広告八〇本を材料に同様の手続きで実験を行いました。その結果が**図5-3**です。広告電通賞を材料とした分析（図5-2）と比較すると、より中央に広告が集まっている傾向が見られます。これは、広告電通賞を受賞した作品が、物語性、情報提供性、あるいは両

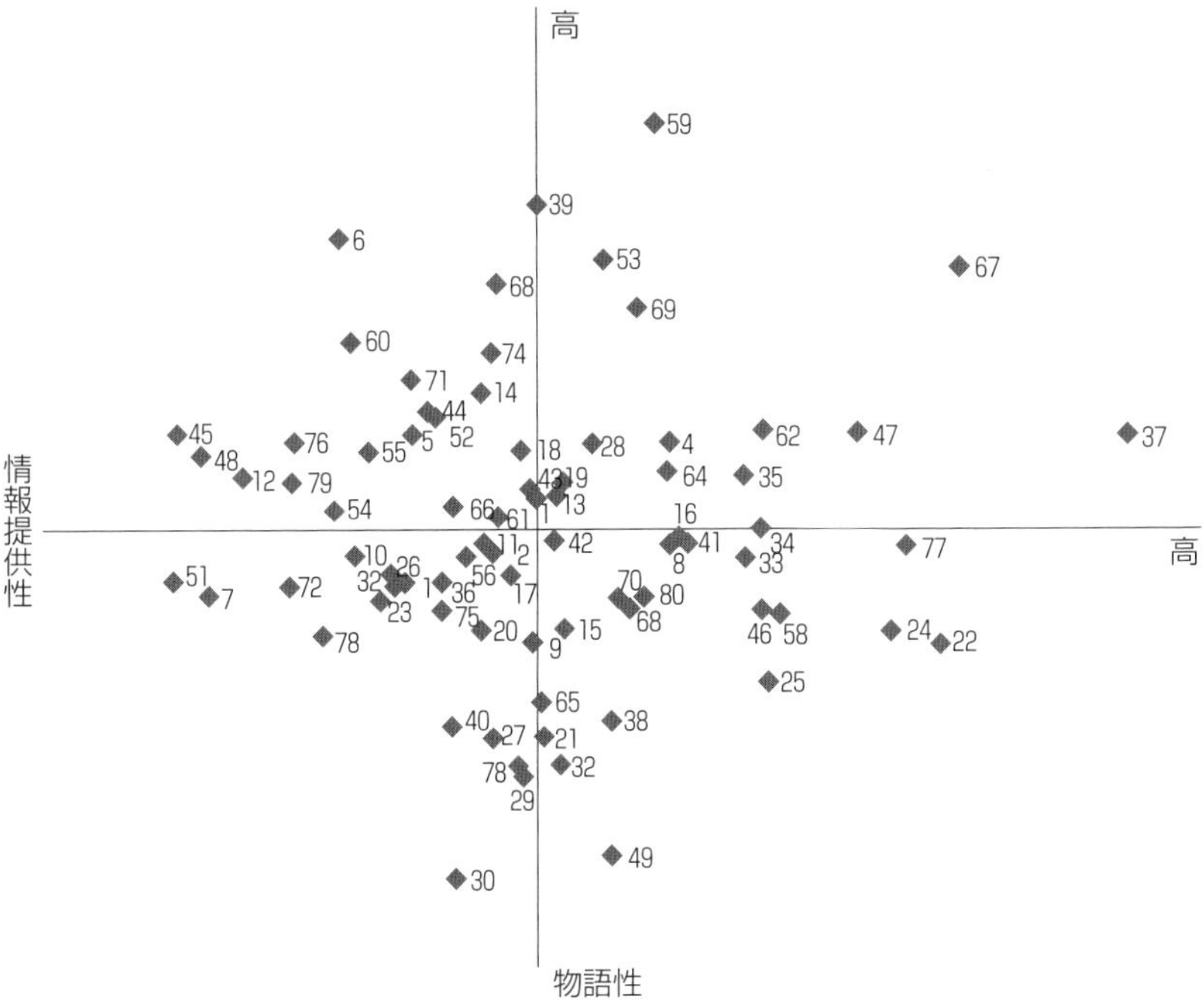

図 5-3　TV 広告80本のプロット図

者の点において秀でていることを意味します。このような違いはありますが、物語性も高く情報提供性が高い広告が存在するといった点では、広告電通賞の広告を材料とした分析と同等の結果であることが分かります。これらの二つの実験から、物語性と情報提供性がともに高い広告が存在することが明らかになりました。これまでの研究では、物語広告の情報処理を情報提供広告と比較してきましたが、今後は物語情報提供といった広告も分析していく必要があるのではないでしょうか。

4　物語広告の情報処理

前述したように、物語広告で消費者がどのような情報処理を行っているかを表すために使われている概念にはさまざま

表 5-1　物語広告の情報処理概念の定義

		定義
包括的	移入	注意，想像，感情が小説で描かれる出来事に統合的に向けられることによって，文章に没頭した状態。
	熱中	消費者が広告に引き付けられた状態。
個別的	認知的共感	消費者が登場人物の感情を理解・認識するといった認知的側面を強く取り扱った反応状態。
	感情的共感	登場人物を気の毒に思ったり，登場人物が成功することで嬉しく思ったりするといった，湧き上がる感情的側面を強く取り扱った反応状態。
	フロー	行為に没頭しているときの包括的感覚。
	MS	ある出来事の模倣的な心的表象。
	自己準拠	消費者が，与えられた情報を，自分自身や自分の過去と関連づけて思考している状態。

なものがあり、整理する必要があります。これらの概念を再整理し、明確にした調査について紹介をします。これらの概念は大きく二つの種類に分けられます。一つは、複数の物語広告に共通して生じる消費者の気持ちや考えをまとめあげたもの（包括的情報処理概念）で、もう一つは、それらを個別に扱ったもの（個別的情報処理概念）になります。ここでは、包括的情報処理概念としては「移入」と「熱中」を取り上げ、個別的情報処理概念としては「共感（感情的共感と認知的共感）」「フロー体験」「メンタルシミュレーション（MS）」「自己準拠」を取り上げます。各情報処理概念の定義をまとめたものが**表5-1**です。

まず、包括的情報処理概念の「移入」とは、小説などの文章の物語を材料として社会心理学の領域で提唱された概念で、消費者があたかも物語に入り込んだかのような状態をとらえたもので、登場人物の気持ちの理解や感情の生起、物語に向けられた注意といった、消費者の物語に対する複数の反応を含んでいます。移入の程度が高まるほど、物語内容に一致した態度を持つことが知られています。また、この移入という概念は、物語広告に関する研究でも最も多く用いられており、消費者視点の物語広告研究における中心的な役割を担っている概念と言えます。「熱中」は、移入と類似していますが、特に広告を対象として提唱された概念です。移入と異なる点は、熱中が特に注意という側面に着目しているという点にあります。

一方、個別的情報処理概念である共感は、さらに「認知的共感」と「感情的共感」に分けられます。認知的共感とは、登場人物の気持ちを理解するといった認知に関わっており、感情的共感は、同情するなど登場人物に対する感情に関わる概念です。感情的共感は認知的共感を経て生じるとされています。

「フロー体験」は、「移入」同様に、心理学で提唱されたものです。フロー体験は、その行為に極度に集中した状態のことを指します。そのため、物語の視聴や読解に限らずさまざまな行為で生じるものとされ、たとえば、演劇やスポーツ観戦においても生じることが指摘されています。

次の「メンタルシミュレーション（ＭＳ）」とは、その名のとおり、心的にシミュレーションする（想像する）ことを指します。たとえば、テスト勉強に必要な作業を思い浮かべること、宝くじに当たった状況を思い浮かべること、商品の使用状況や使用結果を思い浮かべることなどが該当します。このように、非常に広範な情報処理を対象としています。

最後の「自己準拠」とは、自分自身について思考している状態を表します。この自己準拠には、二種類の存在が指摘されています。一つは、広告の情報が自身にもたらす意味を分析的にとらえる分析的自己準拠であり、もう一つは、登場人物と自分とを重ね合わせて想像する物語的自己準拠です。特に物語広告の情報処理では、物語的自己準拠が生じることが指摘されています。

福田[4]の研究では、これらの概念を測定する質問紙調査を実施し、得られた結果について因子分析を行いました（**表５-２**）。この因子分析の結果から、概ね五つの種類の情報処理概念があることが明らかになりました。因子構造を見ると、第一因子には、登場人物と同様の感情を抱いたり、物語で起きた出来事を擬似的に体験す

表 5-2　各概念を因子分析した結果

項目	[1] 感情的共感	[2] フロー	[3] 物語的自己準拠	[4] 認知的共感	[5] 注意	共通性
【感共】登場人物の一人であるように感じた	**1.019**	−.036	−.108	−.025	−.059	.873
【感共】広告を見ている間，まるで広告での出来事が私に起こっているように感じた	**1.001**	−.020	−.063	−.014	−.012	.895
【感共】まるで登場人物の感情が私自身であるように感じた	**.919**	.006	.000	−.029	.057	.820
【感共】私に本当に起こっている感じがした	**.901**	−.044	−.083	.083	−.055	.732
【感共】登場人物が表現した同じ感情を経験した	**.698**	−.044	.119	.067	.069	.568
【熱中】まるで実際に経験しているように感じた	**.570**	.110	.157	−.073	−.056	.584
【移入】自分がいるように感じた	**.420**	.178	.238	−.003	.023	.544
【フロー】時間が過ぎていくのを忘れていた	−.019	**.880**	−.118	.037	−.005	.663
【フロー】悩みをすっかり忘れていた	.032	**.728**	.025	−.055	.122	.503
【フロー】アンケートへの回答中だということをすっかり忘れていた	.186	**.719**	−.024	−.177	−.008	.631
【フロー】短すぎて惜しかった	.081	**.682**	.061	.030	.188	.535
【移入】入り込んでいるように感じた	.237	**.366**	−.018	.213	−.174	.579
【自準】自分自身や親しい人について考えた	.089	−.053	**.739**	−.001	−.046	.613
【自準】広告内容は私と関係があった	.090	.080	**.668**	−.253	.009	.511
【自準】私の将来や過去に関係がありそうだ	−.114	−.115	**.645**	.154	−.170	.471
【MS】商品やブランドを使用するとどのようなことが起こるかを思い描いた	.177	−.043	**.586**	.159	.023	.569
【MS】広告の商品やブランドを使用している自分の姿を思い描いた	.364	.028	**.510**	−.074	.139	.586
【熱中】日々の生活で感じる感情や経験について，思い起こさせた	.151	.116	**.338**	.113	−.073	.403
【移入】広告の結末を知りたいと思った	.052	.293	**.306**	.167	−.010	.460
【熱中】私の興味をそそった	.001	.148	**.237**	.209	−.237	.427
【認共】登場人物を悩ませていることを理解した	−.002	−.061	−.019	**.909**	.141	.625
【認共】登場人物が感じていることを理解した	−.066	.020	−.053	**.896**	−.010	.772
【認共】出来事を理解しようとした	−.020	−.064	.053	**.873**	.023	.724
【認共】登場人物が抱えている問題がわかった	−.015	−.104	−.093	**.852**	.009	.608
【認共】登場人物のモチベーションを理解しようとした	.122	−.040	−.016	**.792**	−.035	.684
【移入】登場人物の様子をはっきりとイメージすることができた	−.012	.115	.047	**.680**	.059	.511
【移入】感情に影響を与えた	.018	.278	.068	**.347**	−.224	.559
【熱中】私を引き込まなかった	−.004	−.074	.091	−.006	**.913**	.844
【熱中】私の注意を全く引かなかった	.051	.025	.019	−.054	**.882**	.797
【熱中】私と関係ないに違いない	−.042	.317	−.268	.062	**.544**	.287

るといった感情的共感や熱中、移入の尺度の合計七項目が集まっていました。このことから、第一因子の因子名を「感情的共感」としました。第二因子の項目は、フロー体験に関連するものでした。そこで第二因子を「フロー」としました。第三因子は、自分自身について考えたり、自身が広告の商品やサービスを使用している場面を想像するといった、メンタルシミュレーションと自己準拠の項目が該当していました。そこで、第三因子を「物語的自己準拠」としました。第四因子は、認知的共感に移入が加わった合計四項目が該当したため、因子名を「認知的共感」としました。最後の第五因子では、熱中の注意に関わる項目が該当しました。そのため、この因子名を「注意」としました。ただし、注意の項目については、すべて逆転項目であるために、異なる因子として抽出された可能性もあるので、解釈に注意が必要です。

また、包括的情報処理概念である移入と熱中が、どの因子に含まれているかを確認すると、移入は、感情的共感、フロー、物語的自己準拠、認知的共感に含まれている概念であること、熱中は、注意、物語的自己準拠、感情的共感に含まれている概念であることが明らかになりました。

次に、抽出された各因子の関係を調べるために、相関分析を行いました。その結果、感情的共感、フロー、物語的自己準拠の間の相関係数は、すべて「.600」を上回り、中程度の関係があることがわかります。一方、認知的共感と注意との相関係数を見ると「.685」であり、これらの間にも中程度の関係があることが分かります。認知的共感、フロー、物語的自己準拠は、物語広告の情報処理のなかでも認知資源が多く必要となる深い情報処理であると考えられますが、認知的共感と注意は、比較的認知資源があまり必要とならない浅い情報処理であるという点で共通した特徴を持っていることから、認知的共感と注意は中程度の相関となったと考えられます。

以上の分析結果から、物語広告の情報処理は五つに分類できること、そしてそれらは深い情報処理と、その前提となる浅い情報処理に分けられること、また、包括的情報処理概念である移入と熱中に関連する情報処理には、違いがあることも分かりました。特に移入は、認知的共感、感情的共感、物語的自己準拠の三つを含んでおり、浅い情報処理と深い情報処理を包括した概念であることが分かりました。このように複数の情報処理を包括することは、物語広告の広告効果に対する説明力を向上させるために、有効であると考えられます。移入が多くの研究で扱われている理由も、この点にあると思われます。これらの結果を踏まえ、次に「移入」がなぜ広告効果を上げるのか、そのメカニズムについて検討していきます。

5 物語広告への移入が広告効果を向上させるメカニズム

マーケティング研究では、広告効果の向上には、情報処理の過程で生じるポジティブな感情の生起と、批判的思考の抑制の、二つが関わっていると考えられています。「ポジティブ感情」は、温かな気持ちや、うきうきした気持ちなどが該当します。物語広告には、登場人物が問題を解決する過程や結果が描かれていますが、広告の場合には、登場人物が問題解決をする姿はポジティブに描かれています。その物語広告を視聴した際に、登場人物に共感している消費者には、登場人物の温かな気持ちが転移したり、安心感や満足感が生じます。このことが消費者のポジティブな感情の生起に結びつき、広告それ自体の評価を高めたり、ブランドの評価を向上させたりします。

二つ目の「批判的思考」は、物事を疑ってみたり、分析してみたりする思考を指します。物語広告に対する深い情報処理が生じている消費者は、登場人物に共感したり、自分自身について考えたりと、広告に対して集中している状態です。そのため、消費者は、広告の商品品質が優れているかどうかや、広告の商品説明に説得力があるかどうかに、あまり注意が向けられなくなります。その結果、商品に対する態度は物語内容に一致し

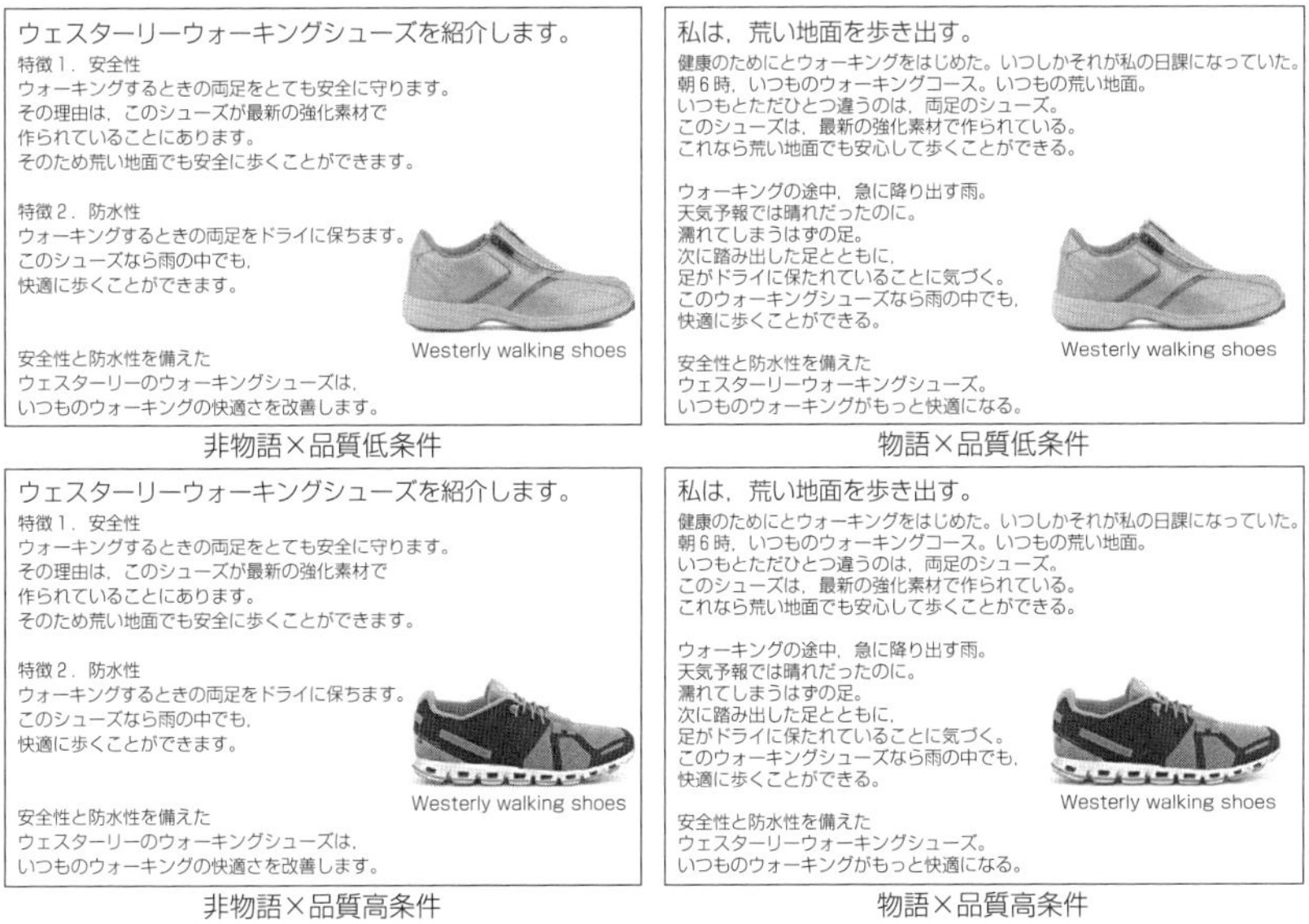
ウェスターリーウォーキングシューズを紹介します。
特徴1．安全性
ウォーキングするときの両足をとても安全に守ります。
その理由は，このシューズが最新の強化素材で
作られていることにあります。
そのため荒い地面でも安全に歩くことができます。
特徴2．防水性
ウォーキングするときの両足をドライに保ちます。
このシューズなら雨の中でも，
快適に歩くことができます。
Westerly walking shoes
安全性と防水性を備えた
ウェスターリーのウォーキングシューズは，
いつものウォーキングの快適さを改善します。
非物語×品質低条件
私は，荒い地面を歩き出す。
健康のためにとウォーキングをはじめた。いつしかそれが私の日課になっていた。
朝6時，いつものウォーキングコース。いつもの荒い地面。
いつもとただひとつ違うのは，両足のシューズ。
このシューズは，最新の強化素材で作られている。
これなら荒い地面でも安心して歩くことができる。
ウォーキングの途中，急に降り出す雨。
天気予報では晴れだったのに。
濡れてしまうはずの足。
次に踏み出した足とともに，
足がドライに保たれていることに気づく。
このウォーキングシューズなら雨の中でも，
快適に歩くことができる。
Westerly walking shoes
安全性と防水性を備えた
ウェスターリーウォーキングシューズ。
いつものウォーキングがもっと快適になる。
物語×品質低条件
ウェスターリーウォーキングシューズを紹介します。
特徴1．安全性
ウォーキングするときの両足をとても安全に守ります。
その理由は，このシューズが最新の強化素材で
作られていることにあります。
そのため荒い地面でも安全に歩くことができます。
特徴2．防水性
ウォーキングするときの両足をドライに保ちます。
このシューズなら雨の中でも，
快適に歩くことができます。
Westerly walking shoes
安全性と防水性を備えた
ウェスターリーのウォーキングシューズは，
いつものウォーキングの快適さを改善します。
非物語×品質高条件
私は，荒い地面を歩き出す。
健康のためにとウォーキングをはじめた。いつしかそれが私の日課になっていた。
朝6時，いつものウォーキングコース。いつもの荒い地面。
いつもとただひとつ違うのは，両足のシューズ。
このシューズは，最新の強化素材で作られている。
これなら荒い地面でも安心して歩くことができる。
ウォーキングの途中，急に降り出す雨。
天気予報では晴れだったのに。
濡れてしまうはずの足。
次に踏み出した足とともに，
足がドライに保たれていることに気づく。
このウォーキングシューズなら雨の中でも，
快適に歩くことができる。
Westerly walking shoes
安全性と防水性を備えた
ウェスターリーウォーキングシューズ。
いつものウォーキングがもっと快適になる。
物語×品質高条件

図5-4　福田（2015）で用いられた実験材料

たものとなり、広告品質の良し悪しや説得力の強弱の影響を弱めること、すなわち批判的思考を抑制することにつながります。これにより、もし広告の物語内容が「良い」ものであるならば、品質があまり良くなくとも高い広告効果が見込めます。一般的には、深い情報処理を生じさせる物語広告とは、物語内容が〝良い〟場合が多く、このような結果が生じやすいと考えられます。物語と移入、批判的思考の関係について、ウォーキングシューズの広告を材料に実証した研究を紹介します。

福田[5]では、登場人物が存在し、ウォーキングシューズを履いている際の気持ちや思考を描きながら商品説明をする物語広告（物語広告条件）と、登場人物が存在せず商品説明のみを行う非物語広告（非物語条件）を材料とし、商品の品質が広告効果に及ぼす影響を検討しました。品質の操作は、おしゃれなウォーキングシューズ（品質高条件）と、年齢が高い消費者向けのウォーキングシューズ（品質低条件）を採用することで行われました。これらの実験材料を示したのが**図5-4**です。このような

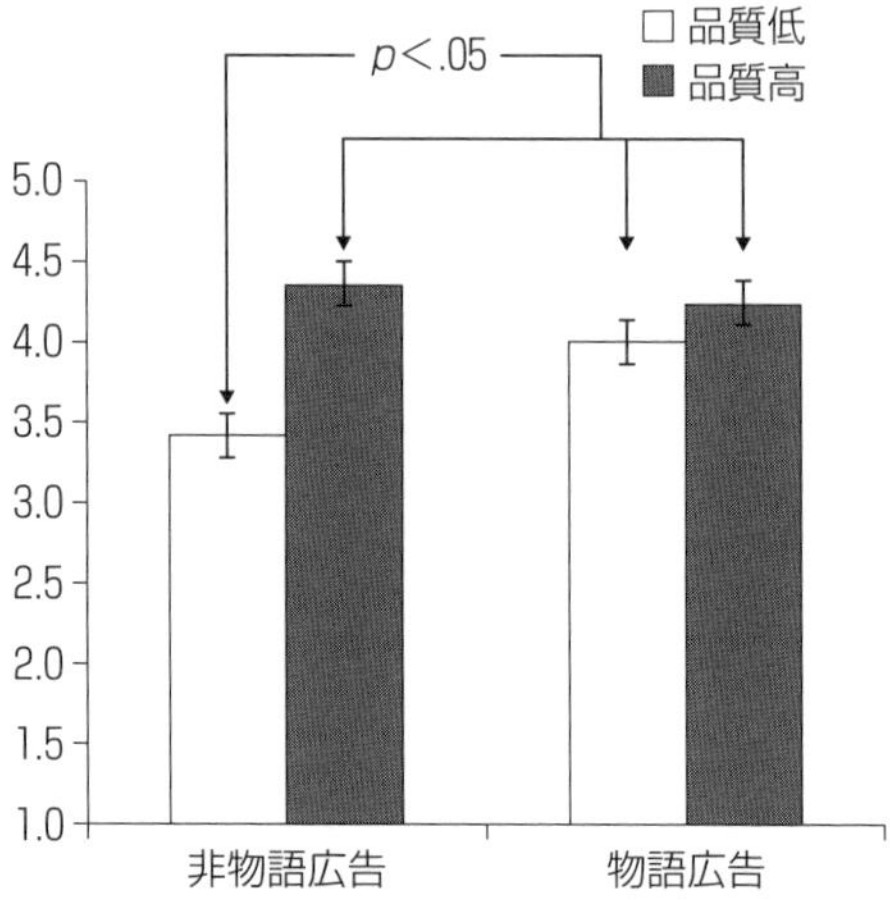

図 5-5　商品態度の平均値

商品品質の操作を行ったことから、実験参加者は二十代から三十代の女性としました。

実験の結果、物語広告条件では、非物語広告条件よりも移入度が高いことが示されました。この結果は、物語広告が移入度を促進するといったことを示しています。さらに、各広告での商品や広告の評価を見ると、非物語広告条件では、品質高条件のほうが品質低条件よりもその評価が高いことが示されました（**図5-5**）。一方、物語広告条件では、品質の高低にかかわらず同様の評価となっていました。このような結果は、物語広告の情報処理である移入が、批判的思考を抑制する可能性を示唆しています。

6　まとめ

本章では、物語マーケティングの定義を踏まえたうえで、物語マーケティングのなかでも物語広告を取り上げ、その研究史について振り返りました。そして、物語広告研究の課題として、物語広告と情報提供広告との関係を再検討する必要性と、物語広告の情報処理を扱う概念が複数提唱されている現状から、概念整理の必要性を指摘しました。そして、これらの課題に取り組んだ研究について紹介を行いました。そして、物語広告への情報処理が広告効果を向上させるメカニズムを指摘し、それを明らかにした研究を紹介しました。

上記で紹介した実証的検討は、すべて広告を材料としたものでした。そのため、これらの知見が広告以外の物語マーケティングにどの程度応用できるかは、今後の課題となります。

一方、このような物語広告に関する知見は、広告以外にも応用できると考えられます。たとえば、冒頭に紹介した Amazon Story の事例を考えてみると、その内容に注意を向けさせ、また共感させたり、自分ごととしてとらえる工夫をすることによって、Amazon Story に登場するブランドと消費者との結びつきを強化することができると考えられます。その効果を高めるためには、その物語の「物語らしさ」を高めていくことが有効と考えられます。また、キャラクターのおまけシール付きチョコレートを取り上げた場合、それ自体は一枚のシール（絵）ですが、背後にあるキャラクターの設定や世界観をより物語らしくすることで、当該商品の価値が向上していくと考えられます。

もちろん、物語広告の構造や、物語広告で生じる情報処理およびそれらを測る尺度が、広告以外の事例にそのまま当てはまるとは言えません。そのため、各対象に応じて尺度を修正したり、その情報処理を的確にとらえた新たな概念を作り直す必要性もあるかもしれません。しかし、物語広告に関する研究は、広告以外の物語を材料とした物語マーケティング研究を進めていくうえでも、重要な基盤となることは間違いないでしょう。

【引用文献】

（1）　Escalas, J. E.（1998）Advertising narratives: What are they and how do they work. In B. Stern（Ed.）, *Representing consumers: Voices, views and visions*. Routledge, pp. 267–289.

（2）　福田敏彦（1990）『物語マーケティング』竹内書店新社

（3）　Escalas, J. E.（2004a）Narrative processing: Building consumer connections to brands. *Journal of Consumer Psychology*, 14(1–2), 168–180.

（4）　福田怜生（2018）「広告の物語性と情報提供性が広告態度に及ぼす影響」『マーケティングジャーナル』三八巻二号、九一–一〇六頁

（5） 福田怜生（2015）「広告への没入が広告評価に及ぼす影響」『日本消費者行動研究学会第49回消費者行動研究コンファレンス報告要旨』、一二六－一二九頁

【参考文献】

Adaval, R. & Wyer, R. S. J. (1998) The role of narratives in consumer information processing. *Journal of Consumer Psychology*, **7**(3), 207–245.

Deighton, J., Romer, D., & McQueen, J. (1989) Using drama to persuade. *Journal of Consumer Research*, **16**(3), 335–343.

Escalas, J. E. (2004b) Imagine yourself in the product: Mental simulation, narrative transportation, and persuasion. *Journal of Advertising*, **33**(2), 37–48.

Escalas, J. E. (2007) Self-referencing and persuasion: Narrative transportation versus analytical elaboration. *Journal of Consumer Research*, **33**(4), 421–429.

Escalas, J. E. & Luce, M. F. (2003) Process versus outcome thought focus and advertising. *Journal of Consumer Psychology*, **13**(3), 246–254.

Escalas, J. E., Moore, M. C., & Britton, J. E. (2004). Fishing for feelings? Hooking viewers helps! *Journal of Consumer Psychology*, **14**(1–2), 105–114.

Escalas, J. E. & Stern, B. B. (2003) Sympathy and empathy: Emotional responses to advertising dramas. *Journal of Consumer Research*, **29**(4), 566–578.

Hamby, A., Brinberg, D., & Daniloski, K. (2017) Reflecting on the journey: Mechanisms in narrative persuasion. *Journal of Consumer Psychology*, **27**(1), 11–22.

Mick, D. G. (1987) Toward a semiotic of advertising story grammars. In J. Umiker-Sebeok (Ed.), *Marketing and semiotics: New directions in the study of signs for sale*. Mouton de Gruyter, pp. 249–278.

Stern, B. B. (1994) Classical and vignette television advertising dramas: Structural models, formal analysis, and consumer effects. *Journal of Consumer Research*, **20**(4), 601–615.

第6章 物語を用いた消費者行動
——ナラティブ・プロジェクションに基づく検討

【米田英嗣・津村将章】

1 はじめに

二十世紀後半から、広告の中に物語性を組み込んだマーケティング技法が注目されてきました[1]。物語性を組み込んだマーケティングは物語マーケティングと呼ばれ、第4章、第5章でも述べられているように一定の成果を収めています。マーケティングに物語性を組み込むことによって購買者の態度や認知過程がどのように変化するのかについては、ある程度は明らかとなっていますが、その理論的基盤はまだ確立されているとは言えません。そこで、認知科学研究に基づいた物語理解の基礎過程を応用とした物語マーケティング、さらに背後にあるメカニズムとしてナラティブ・プロジェクションといった概念を提唱し、マーケティング、消費者行動および教育学への応用可能性を視野に入れた研究の今後の展開を示すことが、本章の目的です。

2節では、物語マーケティングの理論的背景となった物語論、物語理解の基礎研究を展望し、その限界についても言及します。3節では、物語マーケティングの背後にあるメカニズムとして、ナラテイブ・プロジェクションという概念を提唱します。A項では、物語理解で従来研究されてきた、読解時に読者が構築する運動シミュレーションおよび知覚シミュレーションとプロジェクションの関係、B項では、自己理解としての物語理解と自伝的記憶との関連、C項では、ナラテイブ・プロジェクションについての仮説モデルを構築します。以上の議論を踏まえ、4節では、消費者行動への応用可能性について検討します。具体的には、物語を用いた広告への応用、クチコミ、聖地巡礼・フィルムツーリズムについて言及します。5節では、教育への適用可能性について、今後の指針を述べます。

2 物語論・物語理解

A 物語論

物語論とは、構造主義に由来する物語の理論であり、物語における法則性を研究し、文学の科学を目指した学問分野です。(2・3) 構造主義とは、人間の社会的、文化的諸事象を可能ならしめている基底的な構造を研究しようとする立場を指します。(4) 構造主義のアプローチは、個々の文学作品の解釈から離れて、その背景にある構造を理解しようとしてきました。(5) 物語を構造主義の観点から読み解く際には、二項対立を重視し、要素間の二項対立関係（平衡関係、対立関係、逆転、等価など）に基づき分析が行われます。(6・7)

このような構造主義の概念的道具立ては、Saussure(8) の言語学によってもたらされ、(9) Lévi-Strauss によって強い影響力を持つようになりました。(10)

物語論における構造主義的なアプローチは、Propp[11]によるロシア民話の研究に始まります[9]。Propp[11]は物語を分析し、物語の機能[*1]の数は三十一に限られていること、登場人物の行動領域（役割）は七つであることを見出しました[*2]。物語論はこのように物語の内容については論じず、構造に焦点を合わせることが特徴と言えます。

Proppの研究は一九五八年の英訳を経て、構造主義の流れの中で再評価を受けます。とりわけフランス構造主義の流れの中で、多くの研究者に影響を与えています。特に注目すべき論者としてはGreimas[13]、Todrov[14]、Brémond[15]などがおり、Proppの研究をさらに発展させました[9]。たとえば、Greimas[13]はProppの登場人物の行動領域七つを整理して、主体、客体（対象）、送り手、受け手、反対者、補助者の六つとする、神話的行為項モデルを発表しました。このモデルは物語の構造を次のように説明します。まず、主体の願望（客体）を叶えるために、主体が行動を起こします。主体の願望を叶えることを妨害する反対者や、主体の願望を叶えることを助ける補助者によって、物語は進展します[13]。また、客体を送る存在として送り手が、客体を受け取る対象者として受け手が位置しています。

たとえば、芥川[16]の『蜘蛛の糸』をこのモデルに当てはめてみます（**図6-1**）。主人公（主体）である犍陀多《かんだた》は、極楽（客体）へと通じる蜘蛛の糸を見つけます。そこで犍陀多は地獄から抜け出し極楽へ行くため、糸を登り始めます。この場合、補助者は蜘蛛の糸になります。うまくいけば、蜘蛛の糸によって犍陀多は極楽へと行けるのです。このとき、送り手であるお釈迦様から極楽という贈り物を渡される受け手は、犍陀多となります。しかし、そんなにあっさりと物事はうまくいかないのが、面白い物語の特徴です。犍陀多が蜘蛛の糸を登るときに、地獄にいた他の罪人も遅れて蜘蛛の糸を登り始めます。この罪人たちは、犍陀多の目的の達成を阻

＊1　Proppが分析を行った物語は、アファナーシエフの昔話集に収録されている魔法昔話百話についてです。

＊2　ただし、すべての物語が三十一の機能すべてを内包しているわけではなく、省略されることもあります[12]。また、登場人物の行動領域については、一つの役割を数人が担当したり、一つ以上の役割を一人の人物が演じることもあります[9]。

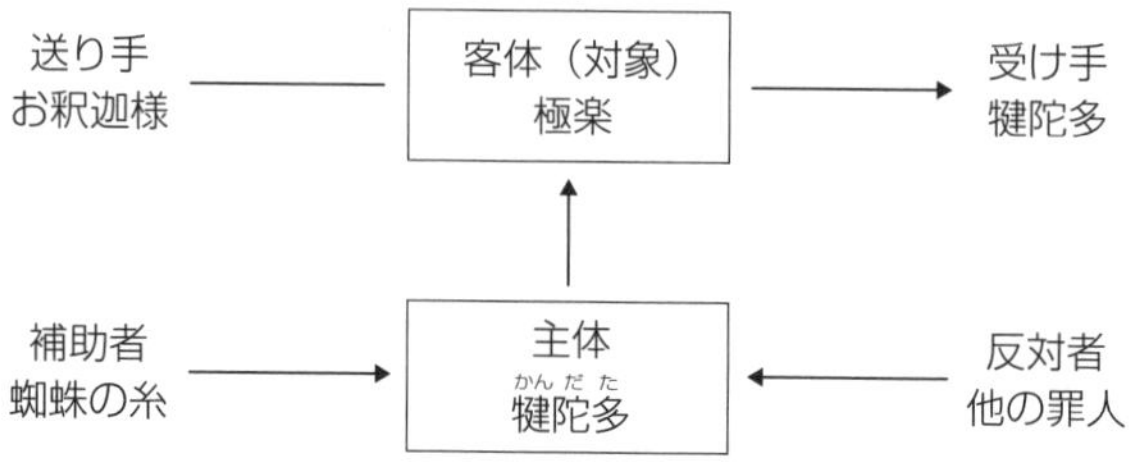

図 6-1　神話的行為項モデルから分析する『蜘蛛の糸』

む反対者となります。結局、この物語では自分ばかり地獄から抜け出そうとした犍陀多の無慈悲な心を見たお釈迦様が、送り手であることを辞めたため、犍陀多は客体の受け手になれませんでした。お話では、補助者である蜘蛛の糸が切れて、犍陀多はもう一度地獄に落ちるところで物語が終わります。

　このような、登場人物が何を行うかについて記述する行為モデルは、その他の物語に当てはめても充分に耐えられ、汎用性が高いものと考えられています[17]。他の例として、Dundes[18]は北米アメリカ先住民の民話構造分析を行い、「欠乏」と「欠乏の解消」および「過剰」と「過剰の解消」といった不均衡から均衡への移行が物語において中核的かつ最小限のものであると述べています。この二つの機能も、Proppが見出した物語の機能の考え方を踏襲しています。以上のように、Proppの啓示を受けた研究者に共通していることは、物語の基本的な構成単位と構造について述べている点であると言えます[9]。

　物語論はこのように、物語が成立する過程に潜む構造について論じられてきました[19]。同時に、物語論では受け手の認知過程については論じられることはありませんでした。物語論が目指したものは、個々の作品を超えた文学の一般法則の解明[20]であり、その研究範囲は文学テクストの構造分析でした。そのため、テクストを読解する一般的な受け手の認知的処理に関する研究は範疇外でした。物語論と認知心理学分野における物語理解研究をつなげる架け橋となった研究は、物語文法[21]であると考えられます。Rumelhart[21]は物語論における機能や時間の概念を大きくアレンジし、文法規則とそれによって生成される意味構造の提案を行い、構造化された物語と記憶について述べています。

B　物語理解

前項では、物語の構造について考えてきました。本項では物語の理解とは何かについて見ていきます。一九八〇年代の「物語理解」（narrative comprehension）の研究は、物語文法[21]に代表されるように、読解の結果得られる成果物としての記憶表象に焦点が当てられていました。

物語に限らず、文章を理解するということは、テクストに書かれた内容に対する一貫した整合性のある表象である状況モデルを、構築することであると考えられています[22・23・24・25・26]。文章の理解のレベルは、表層的コード、テクストベース、状況モデル（文章の状況依存のメンタルモデル）の三つに分類されます[22・23・24・25・26]。表層的コードとは、単語や統語構造であり、文章理解の最も基本となるレベルです。テクストベースとは、テクストの内容から自然に推論される表象です。たとえば、「小学校で、先生が教室で板書をしている」という文章を読んで、「小学校で、先生が授業をしている」ことを理解するのに用いる表象です。状況モデルとは、テクストベースに読者自身の先行経験や既有知識（「板書とは、黒板にチョークを使って書くことである」）を統合して構築される心的表象です。たとえば、「小学校で、先生が教室で板書をしている」という文章を読んで、「黒板が置いてある小学校の教室で、先生がチョークを使って授業をしている」と、テクストベースと先行経験や既有知識を統合して、状況モデルを構築します[24・26]。

物語理解における状況モデルは、物語の状況依存のメンタルモデルであり、現実世界に存在する時間、空間、因果関係、登場人物（あるいは主人公）、目標の次元を含んでいます[27]。現実世界と物語の世界に乖離がある場合、たとえば時間の長い経過、空間の移動、因果関係の破綻、登場人物が人間でない場合などは、状況モデルの構築が困難になり、読解時間の遅延や記憶のアクセス可能性の低下が起こります[26・28]。さらに、物語読解過程において読者が構築する状況モデルは、現実世界で体験される知覚的表象および運動表象を含んでいると仮定されています[29・30]。状況モデルが、いかにして実態を持った知覚的表象および運動表象を含むことができるのか、この問いに答える試みとして、ナラティブ・プロジェクションといった概念を提唱します。

3 ナラティブ・プロジェクション

A 物語理解におけるプロジェクション

物語の世界に読者は没入し、架空の世界に移入し、登場人物に同一化します。こうした疑似体験の過程において、読者は他者の感情を理解し、体験をすることで読者自身にも感情が生じます。物語の理解とは、記述された出来事を代理経験することであり、代理経験するためには、読者の感覚モダリティや、運動や行為に関与する身体の関与が必要です[30]。たとえば、読者は、文に記述された運動についてのイメージ（投げられたボールの軌跡、引き出しの開閉運動など）を、読解過程において活性化しています[31]。こうした活性化を運動シミュレーションと呼びますが、読者の運動が物語理解に与える影響には双方向性があり、物語に記述された運動が読者の運動表象に作用するという効果と、読者の実際の運動が物語理解を促進するという効果があります（レビュー論文参照[32]）。

物語理解において、読者は運動情報のみならず、視覚情報のシミュレーションも行います。登場人物の視覚がさえぎられると、その登場人物から見えなくなった情報へアクセスすることが困難になります[33]。たとえば、

Horton と Rapp の実験では，実験参加者は，メラニー（登場人物）がホラー番組を視聴している場面を題材とした物語を読みます。実験では，「メラニーの母はテレビの前に立った」という文（ホラー番組を視聴しているメラニーの視覚が遮蔽されている）と，「メラニーの母はテレビの後ろに立った」という文（ホラー番組を視聴しているメラニーの視覚が遮蔽されていない）のどちらかが配られました。

そして，実験参加者に「テレビの登場人物はバンパイアに追いかけられましたか？」という質問を行うと，メラニーの視覚が遮断されている「メラニーの母はテレビの前に立った」の文を読んだ実験参加者の方が，メラニーの視覚が遮断されていない「メラニーの母はテレビの後ろに立った」という文を読んだ実験参加者よりも回答に時間がかかりました[33]。

こうした運動シミュレーション，知覚シミュレーションといった現象を説明するには，プロジェクションの考え方が必要であると考えられます。プロジェクションの考え方では，知覚的シミュレーションが行われた後に生成される産物として，意味に彩られた世界（Projected Reality）を仮定します[34]。プロジェクションの考え方によれば，他者あるいは外界に対して自己の表象を主体的に投射し，他者あるいは外界から再びフィードバックを受けて表象が更新されます。つまり，他者あるいは外界と自己との間に双方向性があり，その結果，意味に彩られた世界である Projected Reality が構築されます。したがって，言語理解の過程を，他者あるいは外界とのダイナミックな相互作用としてとらえることが可能になるのです[35]。

物語理解に伴う読解体験は，現実場面で得られる実体験と近く，現実に体験することの代理体験，すなわちシミュレーションであると考えられます[36]。物語理解に伴う経験は，間接経験であり，二次的な経験です。一方で，現実の体験は，直接経験であり，一次的な経験です。代理経験，シミュレーションという考え方では，どのようにして間接経験から直接経験へ変換するかを説明できません。また，読者の直接経験が，間接経験によっていかに変容するのかについて答えることができませんでした。プロジェクションといった概念を導入することによって、間接経験が直接経験へと変換され、実際に体験していないこともあたかも実際に体験したこととして脳内で処理されることを、説明することができるようになります。

たとえば、「小学校で、先生が教室で板書をしている」という文章を読んで、「小学校で、先生が授業をしている」ことを理解するのは、近接項のレベルの理解であると言えます。[*3](34・37) ところが、先行経験や既有知識（「板書とは、黒板にチョークを使って書くことである」）を統合して、「黒板が置いてある小学校の教室で、先生がチョークを使って授業をしている」と、自分が過去に使ったチョークの粉が指につく感覚や、黒板消しを使って黒板を消すという行為などを思い出し、実体験を持って理解した場合は、遠隔項のレベルの理解であると考えられます。[*3](34・37)

人間が想像したものに対する共感は、プロジェクションの働きによって生じると考えられます。たとえば、物語理解の例で考えると、読者と物語の登場人物が類似しているほど、読者が自身の体験を登場人物の体験に重ね合わせやすくなることで、その人物に対する共感が高まり、物語結末の判断が迅速に行われます。(38) こうした共感は、物語世界への移入を引き起こします。物語世界への移入とは、読者が物語の世界へと輸送される（transport）ということであり、読者の意識が、物語に記述された出来事に集中している状態を意味します。(39・40) 移入体験で中心となるのは、物語世界の鮮明なイメージを抱き、またその過程に集中することです。(41) こうした物語とそのイメージへの強い集中を利用して、個人の態度や信念を変容させることができると考えられており、説得的コミュニケーション、マーケティングの分野に応用されています。(42)

＊3　Polanyi の用語によれば、物語を読んでテキストの意味を理解する段階は近接項のレベルであり、自分自身の経験を組み込み、知覚表象や運動表象を含んだ実体を持った表象を構築する段階が遠隔項のレベルであると解釈できる。(34・37)

B　自己理解としての物語理解

物語の読解において、読者は物語の世界に入り込み、自分が登場人物になったかのような感覚を持つことがあります。自己を含んだ物語の記憶は、自己についての記憶である自伝的記憶を構成します。自伝的記憶とは、「人が生活の中で経験した、さまざまな出来事に関する記憶の総体」[43]とされ、自己と強い関わりを持つエピソード記憶であるとされています[44・45]。

状況モデルと自伝的記憶の形態の間に、類似性がある可能性が示唆されています[26・46]。Maglianoら[46]は、自己（self）は状況モデルの一部であるとみなし、インタラクティブビデオゲームを用いて、自己が状況モデルのコンポーネントであることを示しました。また、自伝小説を実験題材として、自伝的記憶の時間構造を検討した結果、出来事の起こった順序が重要であることが分かり、小説を読む際に構築する状況モデルは、自伝的記憶と構造が類似していることが見出されています[47]。ところが、状況モデルと自伝的記憶の構造がなぜ類似しているのか、明らかにされていないのです。

C　ナラティブ・プロジェクションのモデル

自伝的記憶と状況モデルの類似性を説明するには、ナラティブ・プロジェクションという概念が必要です。ナラティブ・プロジェクションによって、状況モデルから自伝的記憶への変換、自伝的記憶から状況モデルへの変換が可能になります。

第一に、物語理解から自伝的記憶を構成し、物語の中に自己を取り込みます。**図6-2**の例のように、読者は

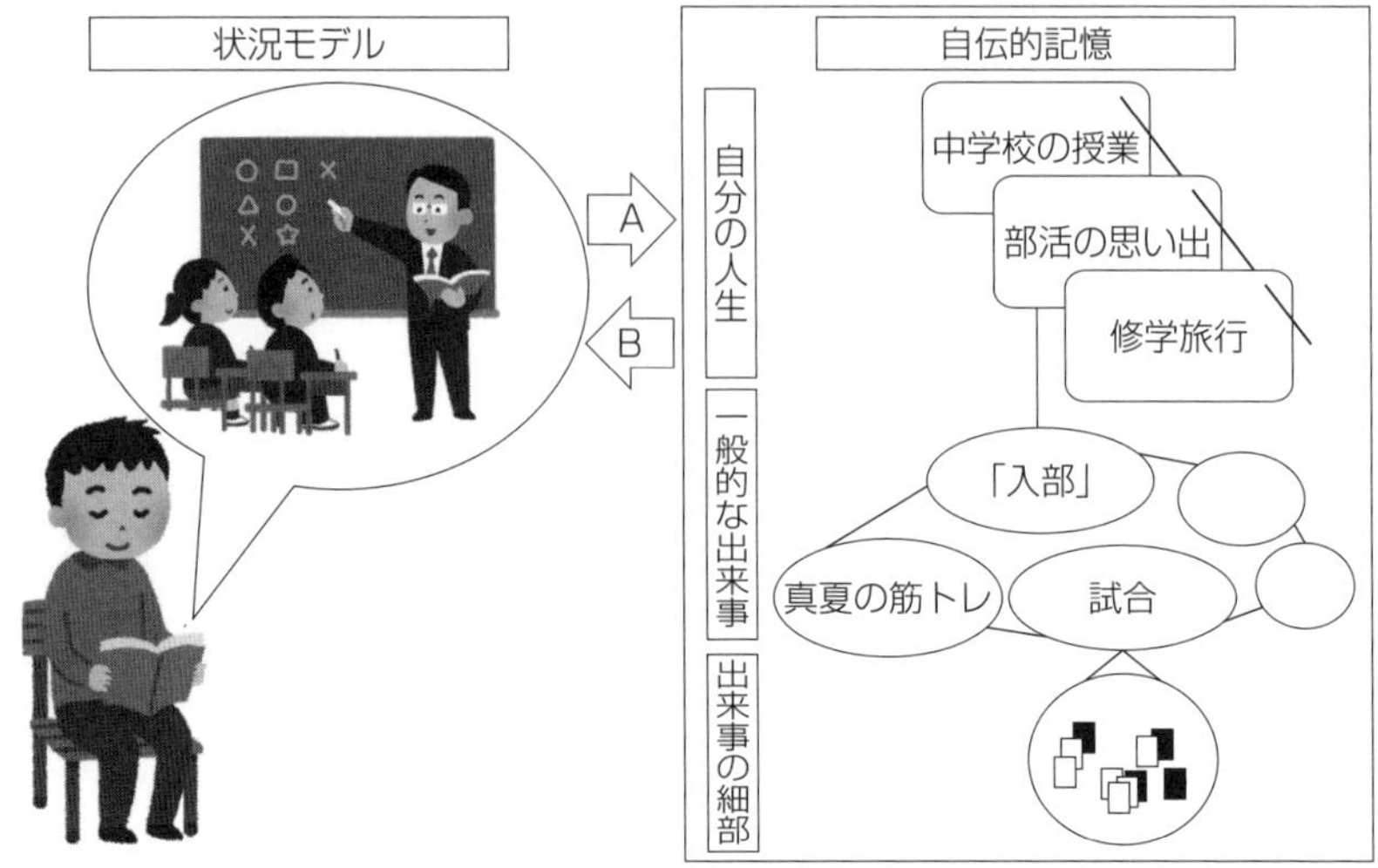

図 6-2　ナラティブ・プロジェクションの一例
（自伝的記憶のモデルに関して，Conway & Pleydell-Pearce, 2000; 佐藤，2002を元に著者作成）

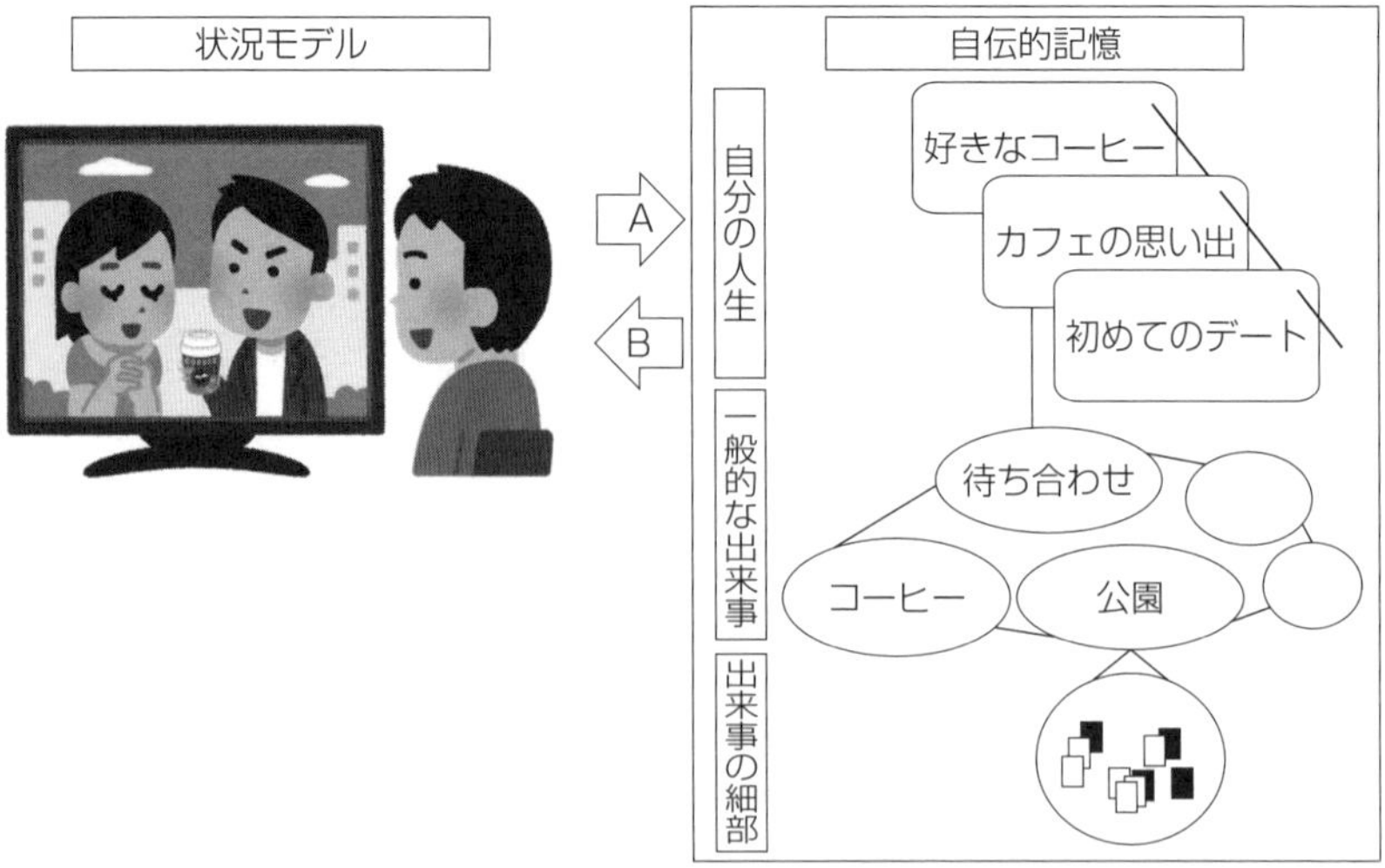

図 6-3　コーヒーのテレビ広告視聴時におけるナラティブ・プロジェクション

中学校の授業についての物語を読む場合に、授業や部活、修学旅行といった自分自身の中学時代の記憶を思い出し（矢印A）、物語の中に自分自身を投射します（矢印B）。「出来事の細部」「一般的な出来事」「自分の人生」と、上に行くにしたがって記憶の内容は具体的になり、自分自身の経験といった個別的な体験を反映したものとなります。

第二に、読者が構築した自伝的記憶から、物語を再構成します。**図6-3**の例のように、コーヒーのＴＶ広告をテレビで見ている場合（矢印A）、自分自身の記憶が広告視聴に作用し（矢印B）、自分と類似した経験の場合は共感が生起し、読解を促進させ、自分と類似していない経験の場合は、読解を抑制させます[48]。主人公が自分と似ていない場合や、自分が経験したことのない世界についても、自伝的記憶における自分の経験の痕跡を用いて物語を理解し、自己参照的な読解をしています。

Miall[49]は、文学作品（Virginia Woolf の短編小説 *Night and Day*）を題材とし、読解過程における読者の感情の重要性を指摘し、読者の感情には自己参照的（self-referential）な役割があると主張しました[49,50]。自己参照的とは、読者が物語を読解している際に、読者自身の経験や関心と照合しながら読んでいるということです。この自己参照的な役割により、実験参加者は *Night and Day* の状況を経験したことがないにもかかわらず、文学作品を読み返すことによって、文学理解に重要な風景描写の重要性を高く評定するようになりました[49]。

ナラティブ・プロジェクションの重要な点は、その再帰性にあります。読者が物語の中に自分を投射し、自己を含んだ状況モデルを構築します。その過程において、読者は自動的に自伝的記憶を検索します[51]。その駆動された自伝的記憶が読解に作用し、読者は登場人物についての記憶表象と、自己の記憶表象を構築するので、両者が類似している場合は処理が促進され、両者が類似していない場合は処理が抑制されます[38]。

4　消費者行動への応用可能性

A　広告とプロジェクション

マーケティング分野における物語研究は第4章、第5章を参照いただければ分かるように多くの研究が蓄積されています。本節では、ナラティブ・プロジェクションの観点から、物語性のある広告について言及します。ナラティブ・プロジェクションでは、受け手は物語的な広告刺激から、その物語から喚起される情報に基づき状況モデルを構築します。そして、広告刺激がトリガーとなり、自分自身のことを思い出し、無意識に自伝的記憶を検索します[*4][52]。生起した自伝的記憶を広告の内容にマッピングすることで、自分に足りないもの、すなわち欠如を発見します。この欠如の発生に伴い、消費者は商品を購入するのです[1]。たとえば、TVショッピングなどが提示する問題意識は、自伝的記憶に基づいてその商品の必要性について処理され、使用者との類似性などにより理解を促進させ、現在の自己と使用後の自己とについて比較照合をします。一方で、欠如のみならず、過剰も消費行動を促進します[1]。たとえば、ダイエットのように、脂肪が多すぎる過剰な状態から過剰の解消へと向かうような消費行動をとることもあります。

このようにナラティブ・プロジェクションが生じることで、より鮮明に欠如を補う自分や、あるいは過剰を解消した自分をイメージすることが可能となり、これが動機となって購買につながるものと考えられます。

＊4　ここでの自伝的記憶の検索とは、自伝的記憶の完全な検索ではなく、部分的に自分の経験を検索するという意味であり、自己参照的に広告を視聴しているということを意味しています。

しかしながら、すべての広告でナラティブ・プロジェクションが生じるわけではありません。また、物語の形を取っているのであればすべての広告に効果があるわけでもありません。[53] プロジェクションが生じやすい物語を設計する必要があります。

B　どのように物語を設計するか

物語を理解するにあたり、先行するイベントと関連した情報の場合は一貫性のある状況モデルが構築されますが、不連続な記述の場合は状況モデルを更新する必要があることから、理解に時間がかかります。[6] 津村と福田[54]は、広告効果が高いテレビ広告の特徴を、読者は、物語に書かれた時間、空間、因果性、登場人物をモニターして読解しているというイベントインデックスモデルに基づき実験を行いました。その結果、空間の近接性、時間の連続性の二つの次元が連続していることが、特に重要であることが明らかとなりました。このような物語文法や状況モデルなどが物語の理解や記憶に役立つということは、広く認識されています。小森[55]は、物語が説得効果を発揮するためには、因果性と登場人物の二点が重要であると述べています。他方、構造的な要素から広告を考える研究もあります。物語論をベースとした物語設計の基本は、登場人物が目標を持ち、何らかの危機や問題が訪れ、それを解決することにあります。[56・57] このような物語論に依拠した物語分析の観点は、広告分析などにも応用されています。[1・58・59] 妹尾[58]は物語論をベースとした広告研究の視点として、問題の自覚、試練、解決が重要であると述べています。

物語広告に関する各種理論を統合させた統一的な研究はまだありません。物語を設計するうえで重要なことは、本章でも折に触れて紹介していますが、これらの要素を入れることにより、ナラティブ・プロジェクションが活性化されると考えられます。

C　クチコミとプロジェクション

インターネットの導入により、マーケティングにおける「口コミュニケーション（以下、クチコミ）」の重要性は急激に高まりました(60)。商品やサービスを検討するときにクチコミを参考にする割合は、二十代では七一・四％であり、特に二十代女性は八二・七％にもなります[*5](61)。インターネットショッピングサイトにおいて、買い物をする際にレビューをどの程度参考にするのかという問いには、すべての年代で七〇％前後が参考にしており、商品購買選択の際に大きな影響力を持っています(62)。

クチコミは、自らを主人公として、聞き手に製品、サービス、ブランドに関する経験をストーリー形式で伝えます(63)。物語に接した受け手は自伝的記憶と照らし合わせて、入力情報を処理し、入力情報と自分とを関連付けるプロセスで、物語の主人公に代わって受け手が疑似体験を行います(64)。このような一連の情報処理は広告刺激とほぼ同じであり、類似性などによりナラティブ・プロジェクションが生じ、疑似体験から直接体験への理解を促進し、関心が生じます。この際、先に指摘したとおり、自伝的記憶、自己参照的が生じやすい物語がプロジェクションの鮮明さを促進すると考えられます。

D　聖地巡礼・フィルムツーリズムとプロジェクション

アニメや映画、ドラマなどの舞台となった場所に、多くのファンが訪れるツーリズムが注目を集めていま

＊5　三十代では六九・六％、四十代では五九・六％、五十代では四八・三％、六十代では三二・七％、七十歳以上では二二・二％です。

す[65]。このような現象を、アニメ聖地巡礼（以下、聖地巡礼）、もしくはフィルムツーリズムと呼びます。聖地巡礼やフィルムツーリズムは、固定的・動的生成的の両面を持つ物語消費と考えられ、消費者が触れている物語は固定的ですが、自ら発言を行い、動くことで、その物語に新しい価値観や視点が導出されるような消費形態です。聖地巡礼やフィルムツーリズムでは、仮想空間（作品世界）と現実世界（舞台となった場所）を行き来しながら、趣味性の高い独自の楽しみ方を創り出すといわれています[66・67]。

聖地巡礼やフィルムツーリズムにおいて、ナラティブ・プロジェクションという考え方は重宝します。受け手は、コンテンツを刺激として物語世界に入り込みます。多くの場合、登場人物に移入し、登場人物が存在するであろう世界へ旅立つために、舞台となった場所に訪れます。

聖地巡礼は、アニメの構図と同じ構図で写真を撮ることが、強い旅行動機だといわれています[68]。同様のことはフィルムツーリズムでも存在し、フィルムツーリズム旅行者も聖地巡礼者と同程度に映画・ドラマで描かれた世界と同じ構図で写真を撮ることを好みます[69]。旅行者は、ファインダーを通して作品世界に入り込み、まるで物語世界にいるような感覚を覚えます。電信柱や商店街などという日常的な風景に物語を通した意味を加算し、拡張現実的な世界を創り出します。聖地巡礼者は現実の中で間接経験を得ることにより、間接経験（二次的体験）から直接体験（一次的体験）に移行します。このようなプロジェクションを通して、日常的な風景の中に登場人物の息遣いを感じ、アニメの世界を追体験します。

同時に、旅行者はブログやSNSなど通じて情報発信を行い、物語世界の共有を図ることにより、それを見た新たな聖地巡礼、フィルムツーリズム希望者が現地に訪れます。また、聖地巡礼者の特徴として、ファン同士や地元住民との交流、周辺観光や地元の特産物を楽しむなど、新たな楽しみを享受することにより、何度も聖地に訪れリピーターになります[68・70]。このような物語体験としての聖地巡礼行動やフィルムツーリズムは今後、観光産業としても無視できない存在になってくるでしょう。

5 おわりに

A まとめ

以上述べてきたように、物語とマーケティングおよび消費者行動はとても関連が深いものです。物語論に依拠した物語構造から作成された広告、物語理解研究、特に状況モデル研究から着想を得た広告研究は、一定の成果が挙げられており、今後もさらなる学術的発展が見込まれます。物語を用いたマーケティングが効果的であることを裏づける理論的な背景として、ナラティブ・プロジェクションという概念を本稿では提唱しました。物語に自己を内包する状況モデルと、自己の体験についてのエピソードの総体である自伝的記憶が双方向にプロジェクションを行うという点で、従来提案されてきた読解における運動シミュレーション、知覚的シミュレーションの概念を超えたものであると言えるでしょう。

最後に、次項では、教育への応用可能性について検討をします。

B 体験をともなう物語へ

常深[71]は、知覚的シミュレーションに基づく教育への応用可能性として、写像的理解（mapping comprehension）という概念を提唱しました。それは、自分が直接経験していない内容を、比喩的に自分に置き換えて行う理解を指します。たとえば、『ハリーポッターシリーズ』などでは、登場人物が魔法を修得する記述が描かれています。読者のなかで実際に魔法の修行をしたことがある人はほとんどいないと考えられますが，フィクションのなかで見習いの魔法使いが苦労して魔法を覚えることと，現実で新入社員や新任教員が仕事上の能力を苦労して身につけることは同じである，重なっていると理解することができ，代理経験からの学習が可能になります。

幼児教育においては，就学前児がまだ体験していないことを，物語あるいは広告として提示して，その行為のモデルを就学前児に作らせることが考えられます。たとえば，外国に行ったことのない就学前児に，外国が舞台となっている物語を読ませることや，広告を見せることは，有効であると考えられます。ナラティブ・プロジェクションの考え方によれば，就学前児が外国についての物語を体験することで，状況モデルを構築します。その後で実際に外国に行くことで，就学前児が自伝的記憶を構築します。このとき作られた自伝的記憶が，外国についての物語の理解や，広告についての体験的理解に作用します。つまり，物語や広告視聴といった間接体験に直接体験が組み込まれることによって，より深い理解が可能になります。

文学作品を読むことによって，成人でも社会的能力が向上するという研究があります[72・73]。こうした研究は，その背後にあるメカニズムがはっきりしていないという問題点が指摘されてきました。本章で提唱したナラティブ・プロジェクションの考え方では，文学作品を読むことで，読者は登場人物を含んだ状況モデルを構築します。その過程において，自伝的記憶を検索し，状況モデルとの照合を行います。そこで，登場人物にあって自分にはない欠如，あるいは自分にあって登場人物にはない，あるいは少ないという（他者と比較のうえでの）過剰を発見します。こうした欠如と過剰を体験することで，読者の社会的能力が向上すると考えられます。今後は，文学作品の読解のみならず，自伝的記憶を想起させる手続きを加えることで，社会的能力向上のメカニズムを詳細に検討する必要があると考えます。

【謝辞】
本稿は青山学院大学総合研究所の研究ユニット「プロジェクション科学の基盤確立と社会的展開」、科研費（16K21546, 16H02837, 20K13627）の助成を受けた。

【引用文献】

（1）福田敏彦（1990）『物語マーケティング』竹内書店新社
（2）Prince, G.（2003）*A sictionary of narratology*（Rev. Ed）. University of Nebraska Press.（遠藤健訳〈2015〉『改訂 物語論辞典』松柏社）
（3）橋本陽介（2017）『物語論基礎と応用』講談社
（4）デジタル大辞泉（2018）小学館
（5）Barry, P.（2009）*Beginning theory: An introduction to literary and cultural theory（3rd Ed.）*. Manchester: Manchester University Press.（高橋和久訳〈2014〉『文学理論講義——新しいスタンダード』ミネルヴァ書房）
（6）Eagleton, T.（1996）*Literary theory: An introduction*. Oxford Blackwell.（大橋洋一訳〈1997〉『新版 文学とは何か——現代批評理論への招待』岩波書店）
（7）大橋洋一（1995）『新文学入門——T．イーグルトン『文学とは何か』を読む』岩波書店
（8）Saussure. F. de（1916）*Cours de linguistique Générale*. Payot.（町田健訳〈2016〉『新訳ソシュール一般言語学講義』研究社）
（9）Scholes, R. E.（1974）*Structuralism in literature : An introduction*. Yale university press.（高井宏子・柳谷啓子・岩本弘道・具島靖訳〈1992〉『スコールズの文学講義——テクストの構造分析にむけて』岩波書店）
（10）橋爪大三郎（1988）『はじめての構造主義』講談社
（11）Propp, V. Y.（В. Я. Пропп）（1928/1969）. *Морфология сказки, Из, 2е.Москва* :Наука.（北岡誠司・福田美智代訳〈1987〉『昔話の形態学』白馬書房）
（12）橋本陽介（2014）『ナラトロジー入門——プロップからジュネットまでの物語論』水声社
（13）Greimas, A. J.（1966）*Semantique Structurale: Recherche de Méthode*. Librairie Larousse.（田島宏・鳥居正文訳〈1988〉『構造意味論——方法の探究』紀伊国屋書店）
（14）Todrov. T.（1969）*Grammaire du Décaméron*. Mouton.

（15）　Brémond, C. (1973) *Logique du récit*. Éditions du Seuil.
（16）　芥川龍之介（1918/2013）『蜘蛛の糸・杜子春・トロッコ・他十七篇』（電子書籍版）岩波書店
（17）　Barthes, R. (1966) Introduction à l'analyse structurale des récits. *Communications*, **8**, 1–27.（花輪光訳〈1979〉『物語の構造分析』みすず書房）
（18）　Dundes, A. (1964) *The morphology of North American Indian folktales*. Academia Scientiarum Fennica（池上嘉彦ほか訳〈1980〉『民話の構造――アメリカ・インディアンの民話の形態論』大修館書店）
（19）　藤井聡・長谷川大貴・中野剛志・羽鳥剛史（2011）「「物語」に関わる人文社会科学の系譜とその公共政策的意義」『土木学会論文集Ｆ５（土木技術者実践）』六七巻一号、三一–四五頁
（20）　土田知則・青柳悦子・伊藤直哉（1996）『現代文学理論――テクスト・読み・世界』新曜社
（21）　Rumelhart, D. E. (1975) Notes on a schema for Stories. In D. G. Bobrow & A. M. Collins (Eds.), *Representations and understanding: Studies in cognitive science*. Academic Press.（淵一博監訳〈1978〉「物語の構図についてのノート」『人工知能の基礎：知識の表現と理解』近代科学社、一九五–二一八頁）
（22）　Gernsbacher, M. A. (1990) *Language comprehension as structure building*. Erlbaum.
（23）　Graesser, A. C., Singer, M., & Trabasso, T. (1994). Constructing inferences during narrative text comprehension. *Psychological Review*, **101**, 371–395.
（24）　Kintsch, W. (1998) *Comprehension: A paradigm for cognition*. Cambridge University Press.
（25）　van Dijk, T. A. & Kintsch, W. (1983) *Strategies of discourse comprehension*. Academic Press.
（26）　Zwaan, R. A. & Radvansky, G. A. (1998) Situational models in language comprehension and memory. *Psychological Bulletin*, **123**, 162–185.
（27）　Zwaan, R. A. (1999) Five dimensions of narrative comprehension: The event-indexing model. In S. R. Goldman, A. C. Graesser & P. van den Broek (Eds.), *Narrative comprehension, causality, and coherence: Essays in honor of Tom Trabasso*. Erlbaum, pp. 93–110.
（28）　Zwaan, R. A., Langston, M., & Graesser, A. (1995) The construction of situation models in narrative comprehension: An event-indexing model. *Psychological Science*, **6**(5), 292–297.
（29）　常深浩平（2014）「物語理解を支える知覚・運動処理」川﨑惠里子編『文章理解の認知心理学――ことば・からだ・脳』誠信書房、一一七–一三八頁

（30） Zwaan, R. A.（2004）The immersed experiencer: Toward an embodied theory of language comprehension. In B. H. Ross（Eds.）, *The psychology of learning and motivation, 44*. Academic Press, pp. 35–62.

（31） Zwaan, R. A., Madden, C. J., Yaxley, R. H., & Aveyard, M. E.（2004）Moving words: Dynamic representations in language comprehension. *Cognitive Science: A Multidisciplinary Journal*, **28**, 611–619.

（32） 米田英嗣（2010）「物語理解と社会認知神経科学」楠見孝編『現代の認知心理学３　「思考と言語」』北大路書房、二七〇–二九〇頁

（33） Horton, W. S. & Rapp, D. N.（2003）Out of sight, out of mind: Occlusion and the accessibility of information in narrative comprehension. *Psychonomic Bulletin & Review*, **10**, 104–110.

（34） 鈴木宏昭（2019）「プロジェクション科学の目指すもの」『認知科学』二六巻、五二–七一頁

（35） Borghi, A. M., Barca, L., Binkofski, F., & Tummolini, L.（2018）Varieties of abstract concepts: Development, use and representation in the brain. *Philosophical Transactions of the Royal Society of London. Series B*, **373**(1752).

（36） 米田英嗣（2014）「社会認知神経科学としての物語研究」川﨑惠里子編『文章理解の認知心理学――ことば・からだ・脳』誠信書房、一五九–一八一頁

（37） Polanyi, M.（1967）*The tacit dimension*. Routledge and Kegan Paul.（高橋勇夫訳〈2003〉『暗黙知の次元』筑摩書房）

（38） Komeda, H., Tsunemi, K., Inohara, K., Kusumi, T., & Rapp, D. N.（2013）Beyond disposition: The processing consequences of explicit and implicit invocations of empathy. *Acta Psychologica*, **142**, 349–355.

（39） Green, M. C. & Brock, T. C.（2000）The role of transportation in the persuasiveness of public narratives. *Journal of Personality and Social Psychology*, **79**, 701–721.

（40） Green, M. C., Brock, T. C., & Kaufman, G. F.（2004）Understanding media enjoyment: The role of transportation into narrative worlds. *Communication Theory*, **14**, 311–327

（41） Green, M. C. & Brock. T. C.（2002）In the mind's eye: Transportation-imagery model of narrative persuasion. In M. C. Green, J. J. Strange & T. C. Brock（Eds.）, *Narrative impact: Social and cognitive foundations*. Lawrence Erlbaum, pp. 316–341.

（42） Chang, C.（2008）Increasing mental health literacy via narrative advertising. *Journal of Health Communication*, **13**, 37–55.

（43） 佐藤浩一・越智啓太・下島裕美編（2008）『自伝的記憶の心理学』北大路書房

(44) Conway, M. A. & Pleydell-Pearce, C. W.（2000）The construction of autobiographical memories in the self-memory system. *Psychological Review*, **107**, 261–288.

(45) 佐藤浩一（2002）「自伝的記憶」井上毅・佐藤浩一編『日常認知の心理学』北大路書房、七〇–八七頁

(46) Magliano, J. P., Radvansky, G. A., & Copeland, D. E.（2007）Beyond language comprehension: Situation models as a form of autobiographical memory. In F. Schmalhofer & C. Perfetti（Eds.）, *Higher level language processes in the brain: Inference and comprehension processes*. Erlbaum.

(47) Radvansky, G. A., Copeland, D. E., & Zwaan, R. A.（2005）A novel study: Investigating the structure of narrative and autobiographical memories. *Memory*, **13**, 796–814.

(48) Komeda, H., Taira, T., Tsunemi, K., Kusumi, T., & Rapp, D. N.（2017）A sixth sense: Narrative experiences of stories with twist endings. *Scientific Study of Literature*, **7**(2) 203–231

(49) Miall, D. S.（1989）Beyond the schema given: Affective comprehension of literary narratives. *Cognition and Emotion*, **3**, 55–78.

(50) Miall, D. S.（2002）Literary discourse. In A. C. Graesser, M. A. Gernsbacher & S. R. Goldman（Eds.）, *Handbook of discourse processes*. Erlbaum, pp. 321–355.

(51) Tsunemi, K. & Kusumi, T.（2011）The effect of perceptual and personal memory retrieval on story comprehension. *Psychologia*, **54**(3), 529–544.

(52) 瀧川真也（2014）「なつかしさと記憶、臨床的応用」楠見孝編『なつかしさの心理学――思い出と感情』誠信書房、九八–一一七頁

(53) 津村将章（2012）「購買意図を促進するテレビ広告の内容分析――物語性の観点から」『第44回日本消費者行動学会研究大会』関西学院大学

(54) 津村将章・福田怜生（2017）「イベントインデックスモデルを用いた物語広告の分析」『広告科学』六四巻、二一–二五頁

(55) 小森めぐみ（2016）「物語はいかにして心を動かすのか――物語説得研究の現状と態度変化プロセス」『心理学評論』五九巻二号、一九一–二一三頁

(56) 大塚英志（2003）『物語の体操――みるみる小説が書ける6つのレッスン』朝日新聞社

(57) 大塚英志（2008）『ストーリーメーカー――創作のための物語論』アスキー・メディアワークス

(58) 妹尾俊之（2015）「広告への物語論的アプローチ」水野由多加・妹尾俊之・伊吹勇亮編『広告コミュニケーション研究ハン

ドブック』有斐閣、一五四–一七四頁
(59) 津村将章（2020）「物語論、脚本論の観点から分析する物語広告」『グローバル社会の変容――スコット・ラッシュ来日講演を経て』晃洋書房、一三二–一五一頁
(60) 杉谷陽子（2009）「インターネット上の口コミの有効性――製品の評価における非言語的手がかりの効果」『上智経済論集』五四巻一・二号、四七–五八頁
(61) 消費者庁（2017）「若者の消費行動」『消費者白書』一一八–一四四頁［http://www.caa.go.jp/policies/policy/consumer_research/white_paper/pdf/2017_whitepaper_all.pdf］（二〇一八年九月三十日閲覧）
(62) 総務省（2016）「経済社会に対するＩＣＴの多面的な貢献」『情報通信白書』六一–七九頁［http://www.soumu.go.jp/johotsusintokei/whitepaper/ja/h28/pdf/n1400000.pdf］（二〇一八年九月三十日閲覧）
(63) Delgadillo, Y. & Escalas, J. E. (2004) Narrative word-of-mouth communication: Exploring memory and attitude effects of consumer storytelling. *Advances in Consumer Research*, **31**(1), 186–192.
(64) 安藤和代（2017）『消費者購買意思決定とクチコミ行動――説得メカニズムからの解明』千倉書房
(65) 楠見孝・米田英嗣（2018）「〝聖地巡礼〟行動と作品への没入感――アニメ、ドラマ、映画、小説の比較調査」『コンテンツツーリズム学会論文集』五巻、二–一一頁
(66) 増淵敏之（2012）「コンテンツツーリズムの現状とその課題」『都市計画』六一巻、二〇–二三頁
(67) 山村高淑（2009）「観光革命と21世紀――アニメ聖地巡礼型まちづくりに見るツーリズムの現代的意義と可能性」北海道大学観光学高等研究センター文化資源マネジメント研究チーム編『メディアコンテンツとツーリズム――鷲宮町の経験から考える文化創造型交流の可能性』北海道大学観光学高等研究センター、一–二八頁
(68) 岡本健（2018）『アニメ聖地巡礼の観光社会学――コンテンツツーリズムのメディア・コミュニケーション分析』法律文化社
(69) 津村将章・大方優子・岩崎達也（印刷中）「アニメ聖地巡礼者の特徴――アニメ聖地巡礼者とフィルムツーリズム旅行者との比較――」『コンテンツツーリズム学会論文集』七巻
(70) 岩崎達也・大方優子・津村将章（2017）「アニメ聖地巡礼におけるリピート行動分析――『夏目友人帳』熊本県人吉市における巡礼行動を事例として」『コンテンツツーリズム学会論文集』五巻、一二–二四頁
(71) 常深浩平（2016）「本からの学習――代理経験の重要性」福田由紀・平山祐一郎・原田恵理子・佐藤隆弘・常深浩平・齋藤有・矢口幸康『教育心理学――言語力からみた学び』倍風館、七八–七九頁

（72） Kidd, D. C. & Castano, E.（2013）Reading literary fiction improves theory of mind. *Science*, **342**, 377–380.

（73） 米田英嗣・市村賢士郎・西山慧・西口美穂・渡邊智也（2018）「文学読解は社会的能力を高めるか？」『第32回人工知能学会全国大会』

【参考文献】

Mandler, J. M.（1982）Recent research on story grammars. In J. F. Le Ny & W. Kintsch（Eds.）, *Language and comprehension*. North Holland, pp. 207–218.

第7章 映画製作のクリエイティブマーケティング

【小泉徳宏】

プロローグ

私が二十五歳で映画監督になってから、十六年もの月日が過ぎました。世の中には映画以外にもたくさんの娯楽や芸術が存在し、日ごと新しく生まれさえしていますが、誕生からおよそ百二十年以上という歳月を経てもなお、映画はまだまだ人々を魅了し続けています。それは一般の方のみならず、映画以外のあらゆるエンターテイナーあるいは芸術家も同じようで、彼ら／彼女らと話をしていると、それぞれに映画に対する特別な思いを聞き取れて、なかには映画を「総合芸術」や「エンタメの最高峰」と表現する人までいます。映画が何らかの頂点であるかのような考えは私にはありませんが、そう言われてみれば確かに、映画が他に優っていると言えそうな点が一つあります。それは、映画が、費用対効果ならぬ、「時間対満足度」が最も高いストーリーテリング方法だということです。映画は短めのもので約九十分、長めのもので約百三十分。地上波の連続ドラマや配信ドラマ、アニメ、連載漫画、小説などを鑑賞するのに要する時間と比べても、わりあい短時間で、ある一括りの物語を始まりから終わりまで堪能することができるのです。

私は映画作りの専門家なので、本書がキーワードとして掲げる消費行動、マーケティング、認知心理学と言ったキーワードとは縁遠いと思われるかもしれません。ところが、本書の編者でもある米田先生より、私どもが映画を製作する際の考え方こそ大いに参考になるというご指摘があり、その分野に身を捧ぐ皆様の研究や理解に何かのお役に立てるのであればと、執筆に至っている次第です。

さて、本文に入るにあたって、二つご承知おきいただきたいことがあります。

まず、本章でまとめるのは、映画の作り手たちができるだけ多くの観客に「面白い」と思っていただける映画を作るにあたり、どんなことを検討しているのか、言葉にする以前の、でも確かにそこにある共通認識や考察、経験則だということです。したがって、これからする話には何ら科学的な裏づけはなく、またすべての映画や映画人に当てはまるわけではありません。こういったことはほとんど無意識下で考えられていることですので、業界のなかでも改めて語られることは稀ですし、特に日本においては参考書などあろうはずもなく、本章がその先陣を切って言語化できればと思っております。

そしてもう一つは、本章で扱う「映画」とは、主に大勢の観客に鑑賞されることを目的とした、九十分以上の劇場用長編映画のことであり、皆さんがいわゆるシネマコンプレックスなどに行って鑑賞できる映画作品群のことです。個人的、あるいはごく小さなコミュニティで作られた自主制作映画や、芸術性の高いアート映画、実験映画は含まれません。映画はエンターテイメントか芸術か、さまざまなご意見があることは承知していますし、それはそれで別の本が一冊出来上がってしまうほどの議題ですが、そこにおける私の立場は一貫しています。映画はエンターテイメントと芸術、その両側面を持ち合わせたハイブリッドではあるものの、すべてはそれを鑑賞する観客のために作られることを思えば、やはりエンターテイメント寄りのものだと考えています。まずはエンターテイメントとしての要件を満たしてから、その余剰を以てして芸術性を追求するのが、今のところの私の映画作りです。ですから、以降の話はすべて、このような立場からの言説であることをご理解いただきたいと思います。

できるだけ多くの人に「面白い」と思っていただける映画を作るため、その初手である企画段階では、私たち作り手はどのようなことを考えているのか、映画の基本的な脚本構成に倣い、三幕構成に分けて話を進めます。すなわち、プロローグ、第一幕、第二幕前半、第二幕後半、そして第三幕、エピローグです。映画の作り手たちは、皆さんが思っている以上に、「映画を観ているあなた」を観ているのです。

第1幕 「観たい」を推し量る

読者諸賢の多くが想像している以上に、映画というのはお金と時間と人手のかかる壮大なプロジェクトです。まず、一本の映画を作るためにかかる金額、つまり制作費は、文字通りピンからキリまであるのですが、ここでは大雑把に申し上げて、一本につき一千万円〜十数億円だとご理解いただければ充分です。上記の金額は純粋な制作費だけの話であって、本来ならばこれに、かかった制作費と同程度の広告費をかけて宣伝していくのが、一つの目安となっています。ちなみに制作費、配給費、広告費など、映画を作って公開する一連の作業にかかる費用すべてを合わせて「製作費」と表記し、映画を制作する際の実費にあたる「制作費」とは区別します。なお、ハリウッド映画や中国作品になると桁が異なり、大作ともなれば制作費だけで数百億円かけることもあります。五億円を超えれば大作と呼ばれ、どんな超大作でも十五億円以上かけることはまずあり得ない昨今の邦画事情を思えば、どれほどの差があるか比ぶべくもないでしょう。

では、一本の映画が出来上がるまでにかかる時間についてはどうでしょう。これもケースバイケースですが、仮に企画するところから映画を公開するまでの期間と定義すると、邦画の場合はどんなに急いで作っても一年、通常のペースで作って二年から三年程度、中には十年以上と長いケースもあります。ちなみにテリー・ギリアム監督の『テリー・ギリアムのドン・キホーテ』(1)は、構想から三十年、実に映画の歴史の四分の一の時間がかかっているそうです。上記は極端な例ですが、ハリウッド作品の場合は概してその潤沢な予算を背景に、映画作りのすべての工程において、邦画よりも時間をかけていると言えます。中国映画となると、これはまだ一概には言えませんが、その資金力とマーケットの大きさを考慮すれば、ハリウッドの傾向に近づいていくのも時間の問題でしょう。

そして、人手について。一本の映画に携わる人数は、映画の規模や内容によって大きく異なります。狭い部屋に閉じ込められた主人公が脱出する話であれば、十人程度から作ることも可能ですし、ゾンビが大量発生する映画や、戦争映画、天変地異によるパニックムービー、音楽映画の大規模なライブシーンともなると、出演者だけでも数千人単位で増えます。さらにＶＦＸと言われるＣＧ処理作業やアニメーション作業など人手のかかる作業も加わると、もはや一つの村ができてしまいそうな規模になっていきます。

映画をたかだか一本作るだけでこれほどのスケールですから、映画が純粋な芸術であると言い切るのは、あまり現実的でないことが分かっていただけるはずです。したがって、ビジネスとして消費者のニーズを調査し、それに応えていく、という一般的な意味でのマーケティングも当然行います。しかし一方で、そういった統計的なデータが今のところあまり当てにならず、過去に何度も裏切られてきていることも、作り手たちは実感しています。データを参考にしつつ、結局のところ自分たちの嗅覚と肌感覚で企画しているのが実情です。

では、できるだけ多くのお客さんが観たくなるような映画を検討するとき、作り手たちはどのように考えを絞っていくか。これには四本の軸があると私は考えています。

一本目の軸は客層です。端的に言えば、誰に向けた映画なのか、どういう人が観たいと思ってくれる映画なのか、ということです。男性か女性か。子どもか大人か、そのなかでも若者か高齢者か。映画を年間に一本すら観ない人たちか、積極的に毎週観ているような人たちか。それによって映画の題材や内容、とるべき表現手法や出演者の選び方まで、大きく変わってきます。たとえば、高校生たちが部活動で全国大会を目指す映画であれば、五十代以上にとってはさほど興味のある物語ではないでしょう。逆に、政治の世界で蠢《うごめ》く裏切りと陰謀の映画は、もしかしたら十代にはほとんど訴求力がないかもしれません。もちろん、何を面白いと思うのかは人それぞれですが、映画を届けたい客層によって内容が変化するのは、誰もが想像のつくところでしょう。映画マーケットはこの数十年、主に二十代の女性が牽引していると言われてきました。ところが昨今は、高齢社会の影響もあり、シニア層に向けた映画にもたびたびスマッシュヒットが見られるようになっています。日本の人口分布に応じて、状況が少しずつ変わってきています。

考えの絞り方、二本目の軸は題材です。非常に大きな意味での「どんなシチュエーションを描くのか」ということです。それを取り除いた瞬間に、もはやその映画である意味がなくなってしまうような、映画のアイデンティティにあたる部分で、建築に例えて言えば土台にあたります。その映画を知らない誰かに「それ何の映画?」と問われたあなたが、「〇〇の映画だよ」と簡潔に答えようとしたときに出てくる最初の言葉が、その映画の題材と見ていいでしょう。

題材は場所、時代、事件、組織、物、スポーツ、事象や現象、状況、設定、あるいは登場人物そのもの、このいずれかである場合が多く、以下のような実例で見ていくとわかりやすいかもしれません。『トイストーリー』シリーズなら、おもちゃ。『ハリー・ポッター』シリーズなら、魔法学校。『君の名は。』なら、とりかえばや。『シン・ゴジラ』なら、ゴジラ。『タイタニック』なら、タイタニック号。『アナと雪の女王』シリーズなら、雪の女王。『ゴッドファーザー』シリーズなら、マフィア。『スターウォーズ』シリーズなら、宇宙戦争。

『バックトゥザフューチャー』シリーズなら、タイムトラベル。『アベンジャーズ』シリーズなら、スーパーヒーロー。拙作の『ちはやふる』シリーズなら、競技かるた、といった具合です。どんな題材を取り扱うかで、映画の内容およびそれを観るお客さんが変わってきます。

考えの絞り方、三本目の軸はテーマです。実は「題材」や「テーマ」といった、ストーリーテリングの世界で好んで使用されるこれらの言葉は、映画界においてはいまだもって定義が曖昧なままなのが現状です。ここにさらに「モチーフ」「メッセージ」「切り口」そして後述する「コンセプト」といった言葉も参戦して群雄割拠になると、それぞれに意味が重なる領域があったりなかったりして、誰も正確な答えを持っていない状態になるため、個人で独自の解釈をしていくほかありません。よって、ここにおけるテーマとは、題材の下位属性と位置づけ、「その題材でどんな概念を描くのか」という意味で使用します。

題材が土台だとしたら、テーマは柱と言ってもいいでしょう。青春、初恋、運命の恋、結婚、不倫、暴力、卒業、親子愛、兄弟愛、同性愛、友情、裏切り、罪と罰などなど、題材との組み合わせで考えれば、かなりのバリエーションに上ります。戦争下における禁断の愛の映画であれば、題材は「戦争」で、テーマは「禁断の愛」となります。多くの場合、テーマは単一ではなく複合的で、故になかなか一言では表しにくいものです。ただし、たとえ複数あったとしても、そこには必ず主従があって然るべきで、すべてを同列に扱うと「結局何が言いたかったのかわからない」というありがちな感想をお客さんに抱かせることになります。いい映画と呼ばれるものは、あらゆるテーマが複合的に組み合わさっていながら、それらがうまく系統立って整頓されており、「どれか一つに絞るとしたらコレ」というものが必ずあります。

考えの絞り方、四本目の軸はコンセプトです。前述したとおり、これもまた人によってさまざまな解釈をしている言葉です。ここでは「その題材とテーマを、どういう雰囲気で描くのか」という意味で使用します。題材は土地、テーマが柱だとしたら、コンセプトは建築様式といったところで、ジャンルとほぼ同義と考えて差し支えありません。アクション、ラブストーリー、ヒューマンドラマ、コメディ、スポーツ、サスペンス、ミステリー、サイエンスフィクション、時代劇、ホラー、ファンタジーなど、その映画がどんな内容かを仕分けるときに使うカテゴリーです。

ところが、たいていの映画はテーマと同様、一つのジャンルで内容を正確に言い表せないことが多いものですから、人によってはジャンル分けを嫌う方もいますし、実際にはどんなジャンルにも当てはまらない映画というのもあり、その行為自体が意味をなさないと考える人もいます。私自身も自分の映画のジャンルを問われて答えに窮した場面が、一度や二度ではありません。しかしながら、映画をジャンルで分けることは、その映画がどういう場面や感情に重きを置くのか、コンセプトの共通見解を持てるという点で、映画の内容を考える初期の段階においては、一定の意義があると私は考えています。テーマと同様に、たとえ複数当てはまるものでも、「強いて言えば」を決めることが重要です。先ほどから例に出している「戦争下における禁断の愛」の映画で、コンセプトがラブストーリーだとしたら、どのような男女が、どのように愛を深めていくのか、その過程と結果が中心に描かれるはずです。ところが、これがもしサスペンスだとしたら、二人の愛がいかに引き裂かれ、裏切られ、暴露されるか、ということに重きを置いた映画だと、脳内でおおよその青写真を描くことができます。

以上、観たくなる映画の考えの絞り方として、客層、題材、テーマ、コンセプトの四本の軸を挙げました。これら四本の軸は必ずしも、映画を作る前から完全に決め切っているわけではありません。実際には作りながら変化していったり、輪郭がはっきりとしてきたり、新たに発見したりすることがとても多いのです。作る前からこれら四本の軸に頭を悩ませすぎないのも、作戦の一つです。

第2幕前半 ――「共感」を推し量る

第1幕では、四本の軸を基準にお客さんが観たくなる映画を考える、と述べてまいりました。しかし、そういった商業的なマーケティングとはまったく別の意味で、映画のクリエイティブ面に関しても、広義のマーケティングと言える作業があると、私は日々感じています。第1幕が、できるだけ多くの人に「観たい」と思っていただくためのマーケティングとするならば、第2幕は、できるだけ多くの人に「面白い」と思っていただくためのマーケティング、すなわち「クリエイティブマーケティング」と言えるものかもしれません。

では、そもそも映画における「面白さ」とは、どういうものでしょうか。とある誰かを「面白い人」と表現すると、ユーモアのセンスが優れた愉快な人か、価値観や考え方が一風変わったユニークな人を想像するのではないでしょうか。でも、映画が「面白い」という場合には、何もユーモアやユニークさだけを指すわけではありません。「泣ける」「ドキドキする」「感動する」「怖がる」「ワクワクする」「考えさせられる」や、場合によっては絶望的な気持ちになる映画でさえも、広い意味での「オモシロイ」に入っています。このように、単純に映画をオモシロイというときには、多様な意味が含まれているので、それを定義して狙い撃ちすることなど一見不可能に思えてきます。ところが、これらさまざまなオモシロイには、すべてに通底しているただ一つのコツがあることを、映画の作り手たちは肌感覚として分かっています。それは、お客さんが映画の中の出来事を自分ごとのように思えるかどうか、つまり共感性です。映画の登場人物に自分を重ね合わせてはじめて、笑えたり、怖がったり、感動したり、ドキドキしたりできる、その積み重ねが結果として「オモシロイ」という感想になり得るのです。

とはいえ、これほど多様な価値観の中で、誰もが一〇〇％共感する映画を作るのは、残念ながら不可能と言わざるを得ません。そこで映画の作り手たちは、より多くの人に共感してもらう最大公約数を狙うため、これからご紹介するいくつかの切り口から、お客さんの共感ポイントを推し量っていくのです。

一つ目の切り口は、お客さんの記憶です。突然ですが、ここで一つ質問があります。

「あなたは昨日、昼食に何を食べましたか？」

突然聞かれてもパッとは思い浮かばない方が大半でしょう。でもここでのポイントは、思い出せるかどうかではありません。私に改めて問われたこの瞬間までに、昨日の昼食について思い返すことがあったかどうかなのです。そしておそらく、なかったのではないでしょうか。それはなぜでしょうか。それはあなたにとって、ずっと覚えているほど重要な出来事ではなかった、つまり、人生のハイライトではなかったからです。

ちなみに映画というのは、ハイライトばかりをつないだものです。物語に関係のない日常は、編集で容赦なくカットされてしまいますし、それどころか脚本にすら描かれないことがほとんどです。でも、現実の人生はハイライトばかりではありません。どんなに生き急いでいる人でさえも、いちいち思い返すことのないような時間のほうが圧倒的に多いはずです。つまり、皆さんの頭の中にある記憶も、映画と同じように編集されています。自分にとって重要ではない記憶はカットされているのです。

でも、カットされたからといって、その出来事が起きなかったわけではありません。母親が作ってくれたお弁当や、教室での何げない会話、雨のあとの土の匂い、冬の訪れを思わせる朝の冷気、夏休みが終わろうとするヒグラシの鳴き声、そういう埋もれてしまっていた記憶がふと蘇ることもあります。たとえば、写真を見返したとき、撮っていた動画を見たとき、思い出の品を見つけたとき、思い出の曲を聞いたとき、もしくは先ほど私がしたように誰かに指摘されたとき。上記に代表されるような、出来事を客観的に振り返る機会があってはじめて、あなたは埋もれていた記憶を思い返しているはずです。

映画にもそれと同じ効果があります。人は映画を観るとき、登場人物に起きている出来事に近い自分の記憶を、ほとんど無意識に、時間も空間も超えて探し出そうとします。そして、忘れていたわけではないが思い返すことのなかった日常や感情が、物語と映像と音楽と芝居によって改めて掘り起こされ、まるで自分ごとのように共感するのです。よって、人生経験が豊富な人ほど、共感できる記憶が多いと言えるでしょう。映画の作り手たちは、これから映画を観ようとしているお客さんが、これまでの人生でどのような経験をしてきたか、その記憶を推し量ります。言葉で言うほど難しいことではありません。たとえば、スペースシャトルに乗ったことがある人よりも、電車に乗ったことがある人のほうが多いのは、ほぼ間違いのない事実です。ゆえに、電車に乗る人の気持ちを丁寧に描く必要はなさそうですが、スペースシャトルに乗る人の気持ちに共感してもらうためには、少し工夫が必要と言えるでしょう。

共感ポイントを推し量る二つ目の切り口は、お客さんの知識です。この映画を観るお客さんが、とある事柄に対してどれほどの前提知識を持っているかを探るのです。言葉尻だけをとらえると上から目線も甚だしいように聞こえますが、実際にはそれほど傲慢なことではありません。これから述べるその意図を知れば、お客さんの前提知識を推し量ることが、どれほど映画作りに影響するかをご理解いただけるはずです。

まず、映画の中で、何をどこまで説明するべきか、あるいは省略できるかの判断ができます。私は『ちはやふる』という競技かるたを題材にした三部作の映画の脚本および監督をしましたが、そのときは、競技かるたがどういうものか知っているお客さんはほとんどいないだろうと推し量りました。さらに言えば、競技かるたのことは知らなくても、「かるた」のことは知っているだろう、そして多くの場合、それを競技かるたと混同して考えるだろう、というところまで見積もりました。ですから、映画の中では競技かるたのルールから作法はもちろんのこと、それが「かるた」とどう違うかまで、わりと詳細に説明する描写を数多く取り入れ、結果的にこの読みは当たりました。これは、さして自慢するような話でもなく、一般的にはこうだろうという肌感覚に素直に従ったにすぎません。

ところがもし、これがサッカーの映画だったらどうでしょうか。手を使わずにボールを運び、ゴールという名の網を張った箱に向かって蹴り入れるスポーツであると、わざわざ映画の時間を割いてまで説明する必要はないでしょう。すなわちその分だけ、違うことの描写に時間をかけられるのです。映画という限られた枠の中で、説明を省略できるできないの判断は、極めて重要であることがお分かりいただけるかと思います。

前提知識を推し量るもう一つの意図は、映画におけるリアリティを設定するためです。リアリティの有無はそのまま映画の評価に直結することがあります。徹底的にリアルに描写していくことにこだわるのか、あるいはリアルであること以上に重要な何かを描くため戦略的に脚色していくのか。映画の作り手たちは「リアリティ」という言葉に大変敏感で、常に頭を悩ませているところです。とはいえ、そもそも映画というのは、それがドキュメンタリー映画でない限りはフィクションであることが前提なわけですから、リアリティを求めるなんて考えてみればおかしな話です。たとえば、この世に存在していないファンタジー世界の映画でリアリティを求めるなどというのは、どの角度から見ても論理が破綻しています。にもかかわらず、私たちがその世界にさえリアリティを求めてしまうのは、いったいどういうわけなのでしょうか。そもそも私たちが求めているのは、本当に「リアリティ」なのでしょうか。

結論から言ってしまうと、この「リアリティ」という言葉を「もっともらしさ」という言葉に置き換えると、すべて辻褄が合います。一般的に使用されている「リアリティ」という言葉が本当に指しているのは、その物語や登場人物が実在しているかもしれないと思わせる信憑性、つまり、もっともらしさのことです。それは、映画の舞台が現実世界かファンタジー世界かにかかわらず、フィクションを前提としていればこそどんな映画にも一様に求められる必須要素なのです。

ところが、このもっともらしさ（＝リアリティ）は、作り手側の不断の努力だけでどうにかなるものではありません。人が何かを信じられるかどうかは、その主体となるお客さんの知識に大きく左右されるからなのです。

たとえば、ニューヨークにある二棟の超高層ビルとアメリカ国防省のビルに、飛行機をハイジャックして同時に突撃しようとするテロリストたちを、たまたまそれに乗り合わせた主人公が阻止しようとする筋書きの映画があるとしましょう。二〇〇一年九月十一日以前の世界で、「この映画にはリアリティがある！」と手放しに評したであろう人は、いったいどれくらいいたでしょうか。

たとえば、三陸沖を震源地とした大地震によって、日本の東北地方沿岸一帯を大津波が襲い、原子力発電所が危機的状況に陥るという筋書きの映画はどうでしょう。二〇一一年三月十一日以前の日本で、「この映画にはリアリティがある！」と評したであろう人は、いったいどれくらいいたでしょうか。

おそらくどちらも、今日ほどにはいなかったことでしょう。でも現実には、どちらも起きてしまいました。もっと正しく言えば、現実に起きる前から、いつ起きても不思議ではない状況でした。本当は充分にもっともらしかったのに、我々にその知識がなかったために、もっともらしくないように見えてしまっていただけなのです。特筆すべきなのは、それまでは考えられなかったどちらの出来事も、今日現在の我々のなかでは、「もっともらしい出来事」に置き換わっていることです。

もっともらしさ（＝リアリティ）は、作り手側の努力は言うに及ばず、受け手側が持っている知識にも大きく左右されるということが、この例えでお分かりいただけると思います。さらにそれは、現実の出来事に影響され、人々のなかで常に更新し続けていくものです。映画の作り手たちは、これらの意図から、今現在のお客さんがどれくらいの知識を持っているのか、推し量る必要があるのです。

さて、共感ポイントを推し量る三つ目の切り口は、お客さんの類推力です。一つ目の切り口として、お客さんの記憶を推し量るというのはすでにご紹介したとおりですが、そうは言っても映画の中で起きる出来事というのは、往々にして非日常的である場合がほとんどですし、むしろそうであることが映画の醍醐味でさえあります。まったく同じ出来事を経験した人のほうが少ないはずです。そこで鍵を握るのが、お客さんの類推力というわけです。

たとえば、読者諸賢の中で宇宙空間に行ったことがある人は、まずもっていないでしょう。それでも、宇宙飛行士が地球にいる家族を思いやる気持ちは、おそらく多くの人に重なる部分があるはずです。また、身近な人が殺人事件に巻き込まれてしまったという状況はそうあるものではなくても、身近な人を亡くしてしまったときの悲しさはきっと想像できるはずです。さらに、努力の末に魔法が使えるようになった人はそうそういないと思いますが、努力の末に今までできなかったことができるようになった喜びは、経験したことがあるでしょう。このような、多くの人にとっては未経験の出来事も、そこから芽生える感情を類推することは可能です。問題は、そのシーンを観て、どの程度の割合の人が、どれくらい自分のことに結びつけてくれるか、そこを推し量る必要があります。

類推力は映画演出にも関係してきます。演繹的表現、帰納的表現、隠喩表現、対比表現などは、映画には直接描かれない時間や出来事や人間関係を、お客さんに自動的に想像させる演出です。演繹的表現は「AならばB、かつ、BならばCのとき、AならばC」という描き方です。家族を描く映画の例で言えば、「太郎は花子の息子」かつ「太郎と次郎は兄弟」が描けていれば、「次郎も花子の息子」であろうことが、言わずもがな類推できます。もちろん、それでも異母兄弟である可能性は残ります。そういう一見間違いなさそうに思える事実の穴を利用してさまざまな驚きを仕掛けるのも、映画術の一つと言えます。帰納的表現は、スポーツ映画の例で言えば、「太郎は昼も夜も練習している。雨の日も、風の日も、雪の日も練習している」というカットをつなげたときに、おそらく映画の中で描かれていない時間も含め、四六時中練習しているであろうことが類推できます。隠喩表現は、出来事を直接映さない代わりに、それを想起させるような映像を入れる手法です。サスペンス映画の例で言えば、人がビルから飛び降りるといった、直接描くことがはばかられるような表現も、代わりに花瓶が落ちて粉々に砕け散る映像を挿めば、何が起きたのかをお客さんに想起させられます。対比表現は、AとBを交互に見せて、その違いを見せる手法です。恋愛映画の例で言えば、太郎と次郎という二人の恋人候補を比べるときに、そのデートの様子を交互に見せて二人の違いを描く、などと言った演出に使われます。ただし、経済力の違いなのか、服装のセンスの違いなのか、性格の違いなのか、太郎と次郎のどこを見比べればいいのか、観る人によって変わってしまうようでは何の意味もありませんので、細心の注意が必要です。演繹、帰納、隠喩、対比と言ったこれらの演出法も、どこまでをどう描けば全員に正しく意図が伝わるのか、お客さんの類推する力を推し量る必要があるのです。

共感ポイントを推し量る四つ目の切り口は、お客さんの関心です。映画によるストーリーテリングは、その一瞬一瞬において、お客さんが今どこに関心を持っているかに見当をつけ、それを誘導できるかに尽きると言っても過言ではありません。たとえば、お客さんが今、登場人物の誰の視点で物語を観ているか、それをどんな気持ちで観ているか。お客さんの表情は今、笑っているのか、泣いているのか、憤っているのか。今この瞬間、画面の中のどこを視ているか。それらに見当をつけることで、どのような表現を、どの程度分かりやすくするべきか判断しているのです。それはカットの割り方、画面の構図、配役の選び方、動きや仕草の大きさ、セリフの言い方や音量、効果音や音楽の付け方などで誘導可能であり、その判断の一つ一つこそが監督の個性とも言えるでしょう。

また、第1幕で述べたような映画を企画する段階においても、すでに関心を推し量っています。お客さんの多くは、自分の性別や年齢に近い登場人物に共感しやすいものなので、想定した客層と主人公の年齢を同じくらいに設定しておくというのは、常に一定の効果が期待できる常套手段と言えるでしょう。

お客さんの関心を推し量るのには、他にも意図があります。たとえば、物語を面白く見せる方法として「伏線と回収」という手法があります。映画の前半から中盤にかけて、後の展開に必要なセリフやシチュエーションを呈示し（伏線を張る）、後半の重要な局面において再びそれを使用（回収）するテクニックです。ちょっとしたコツは、伏線を張る時点では、あくまでシーンの自然な流れでさりげなく、そして回収時には、伏線を張ったときとはわずかに文脈を変えて、でも誰もがそうと気づける程度に回収することです。これに成功すると、映画の持つテーマ性がくっきりと浮かび上がり、全体にまとまりが出て映画の完成度がいっそう高まるというほど、重要なテクニックの一つです。

本章の前半で「昨日の昼食に何を食べたか」という質問を唐突にすることで風呂敷を広げて見せ、読者諸賢の関心を引きました。そしてその後「覚えているかではなく、思い返したことがあったかが重要」と言って一度風呂敷を畳んだかのように見せかけ、関心を逸らしました。すでにお気づきかと思いますが、実はこの昼食の話の一連こそ、この項目の伏線であったわけです。そしてそれがたった今回収されたことを、ここにご報告します。いいえ、まさかそんな。してませんよ、ドヤ顔なんて。

第2幕後半　「範囲」を推し量る

お客さんの記憶、知識、類推力、関心の四つの切り口からお客さんの共感ポイントを推し量る、という話をしてまいりました。でも、それらをうまく推し量れたとして、それで終わりというわけではありません。

実はこれらの共感ポイントには、人それぞれに守備範囲があります。以降の話は、日本を代表する劇作家の一人である平田オリザ氏から口頭でうかがった、「観客の想像力には幅がある」というお話を、自分なりに解釈したものです。

野球場のフィールドに立っている自分を想像してみてください。あなたはその手にはめたグローブで、飛んできたボールを捕ろうとしています。自分の真上に飛んできたボールを捕るのは、さほど難しくもないでしょう。もしかしたら十メートル離れたところに落ちようとしているボールでも、走ればなんとか捕れるかもしれません。でも、それ以上に離れたところに飛んでしまうと、あなたはもう落としてしまいます。つまり、あなたを中心とした半径十メートルが、あなたの守備範囲です。でも、なかには二十メートル以上離れても難なく捕れてしまう人もいるでしょうし、ほんの数メートル離れただけでもう捕れないという人もいるかもしれません。

同じことが、共感ポイントにも言えるのです。

実はこれまでご紹介してきた、記憶、知識、類推力、関心という四つの切り口で共感ポイントを推し量る行為というのは、お客さんの守備範囲を見極める作業なのです。そしてそれは、お客さんの一人一人が、それぞれの人生を歩んできたなかで得られたさまざまな知見や体験によって決まっているので、判を押したようには断定できません。通常ではあり得ないような状況や心理を描いても、まるで自分ごとのように感じてくれる人がいる一方で、共感を得られやすいであろう少々ありがちな状況を描いたとて、まったく共感しない人もやはりいます。それらの例外があることも理解しながら、それでもなお、おそらく多くのお客さんがカバーできているであろう守備範囲があると信じて、作り手たちは見極めようとします。

なぜ、わざわざ守備範囲を見極める必要があるのかと言えば、それは私たち作り手が、お客さんの守備範囲内のなるべく外側（**図7-1**）を狙って、頑張れば捕れないこともない少々いじわるなボールを、まるで千本ノックのように打ち続けるためなのです。

なぜ、そんなややこしいことをしなければならないのか、捕りやすいように身体の近くに球を打ってやればいいじゃないか、そう思われるかもしれません。ところが、そうはいかないのです。

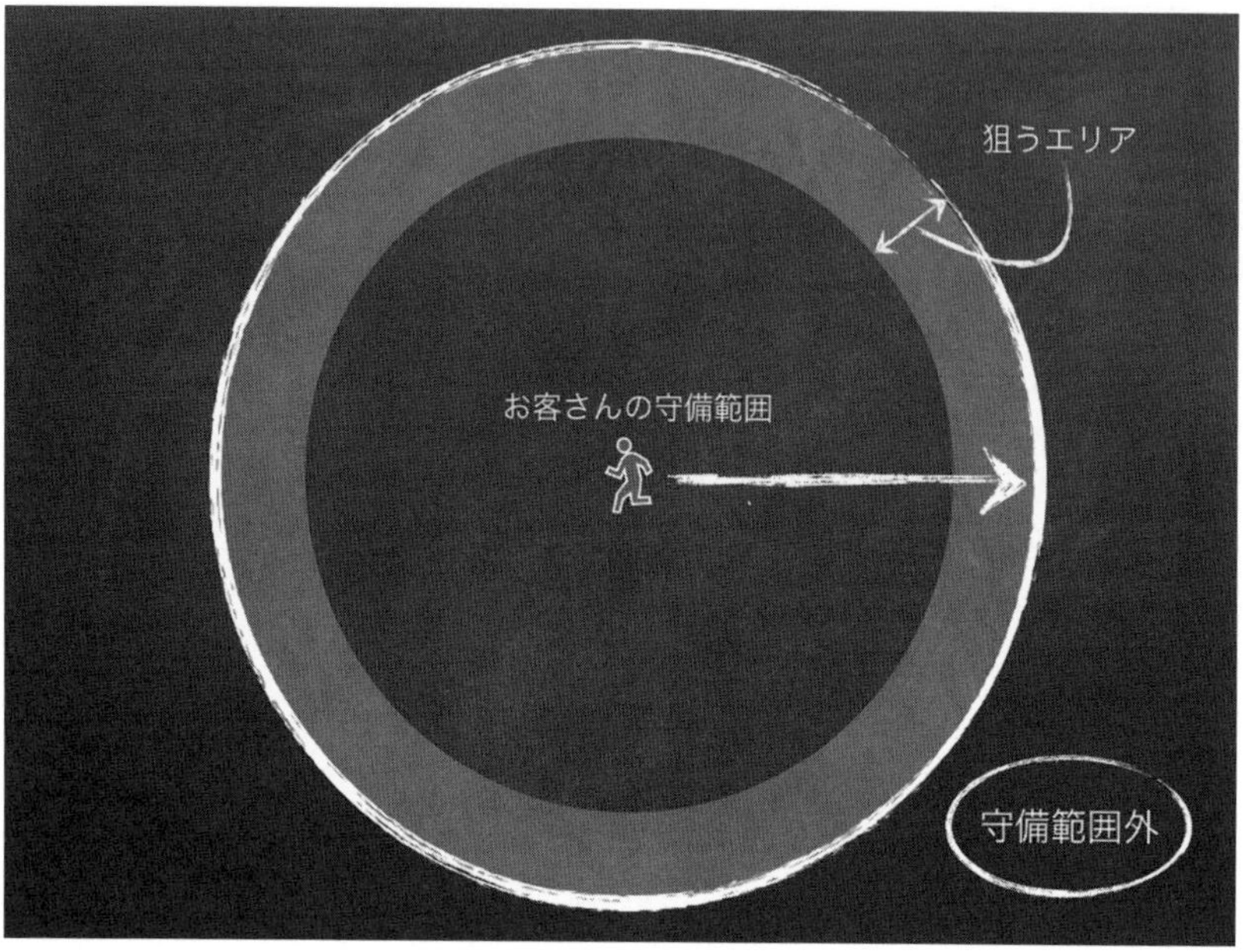

図 7-1　共感の守備範囲

本章で考察するのは、できるだけ多くのお客さんに面白いと思っていただける映画を作るときの考え方です。そしてそれを解き明かすためには、「面白いとはどういうことか」も同時に考察しなければなりません。あなたは、その場を一歩も動かずに何の苦もなくボールを捕った場合と、際どい所に飛んできたボールをものすごく頑張ってようやく捕った場合と、どちらにより大きな充実感を得られるでしょうか。どちらのほうが、面白い体験だったと思えるでしょうか。多くの人は後者と答えるはずです。

そしてそれはおそらく、映画も同じなのです。分かりやす過ぎる映画も、まったく分からない映画も、お客さんは好みません。少々分かりにくいがギリギリ分かる。他の人には分からなくても、自分だけにはその意図が分かる。そう思えるぐらいの匙加減こそが、お客さんの満足度を高くするのです。

お客さんは映画を観たときに何をオモシロがっているのか、私の考察は次のようにまとめられます。思い返すことのなかった記憶や感情を改めて掘り起こされたとき。これまで知らなかったけれど理解はできる新しい知識と出会ったとき。想像の範疇にはあったが、自分の中で形になっていなかったアイディアが提示されたとき。関心を寄せ続けた謎に答えが出たとき。そして最後に、以上四つの共感ポイントなんて、すべて覆ってしまうほどの驚きと出会ったとき。これらの五つの体験が映画によってもたらされたときに、人はその映画をオモシロイと思うのではないでしょうか。

以上のようなことを、映画の作り手たちは感覚的に分かっています。ただ残念なことに、「わかる」と「できる」は別の話です。そもそも正確にお客さんを推し量ろうなんて、不可能だと言い切ってもいいでしょう。だからこそ、どのように推し量るか、推し量ったうえでどうするかの判断が作り手たちの腕の見せ所であり、そのバラつきが多様な映画を生んでいくのです。1幕と2幕で述べてきたようなことがつまりどういうことか、簡潔に言ってしまえばそれは、「時代の気運を読み取る」ことなのだと私は考えています。ですから映画の作り手たちは、映画を作るときも作っていないときも、昼も夜も、雨の日も、風の日も、雪の日も、常に感覚を研ぎ澄ませているのです。

第3幕　「理想」を推し量る

ここまでの考察は映画の作り手としての一般論でしたが、ここからは少しだけ、私個人が映画を作るときに心がけていることを、自分史上初めて言語化していきたいと思います。私の個人的な趣向などにはまったく興味がないとでも言いたげな、読者諸賢の氷のように冷たい視線を華麗なステップでかわしつつ話を続けると、私が映画作りで心がけていることは三つ、「問題提起」「マイジャー」「新しい視点」となります。

映画を説明する言葉には、題材があり、テーマがあり、さらにモチーフがあり、メッセージがあり、切り口があり、そのうえコンセプトまであって、何が何やらの戦国時代ということは先に述べたとおりです。そんななかで、映画にはテーマがあって、それに対して必ず答えを出さなければならないという、もはや誰もがその謂われを忘れ去ってしまった神話のような言説がいまだに信じられています。確かに答えを出したほうが親切だろうと思う一方で、本当にそうだろうか、それしかないのだろうかと、私のような性格の悪い人間はつい、誰かに決められた前提というものを、どこかで疑ってかかってしまいます。そんな疑り深い私が、映画作りで心がけている一つ目の点は、テーマに答えを出す代わりにテーマを掘り起こす、つまり問題提起をしていくことです。ゆえに、すでに世間に認識されているような問題ではなく、今まさに私がしているような、誰もが疑うことをやめてしまった、あるいは疑う対象として認識さえされていない前提を描き出す、そういう映画を理想としています。

さて、音楽でも、小説でも、スポーツでも、あるいは文化そのものの傾向を指す言葉で、その本流または多数派を示す「メジャー」、そしてその傍流もしくは少数派を示す「マイナー」という言葉があります。こと映画の世界では、映画の製作体制や公開規模における大小を指す場合と、映画の内容における性質を指す場合の、二通りで使用されることが多いです。前者の場合には、億を超える製作費をかけて、全国二百館以上の劇場で公開される作品をメジャー、それ以下はマイナーと認識している方が多いように感じますが、この基準は各個人によって前後します。後者の場合には、分かりやすさと娯楽性の高さを優先し、より多くの人が楽しめることを目的とした映画をメジャー、そうでない場合をマイナーと表現している人が多いです。

そこにきて「マイジャー」とは、メジャーとマイナーを組み合わせた造語で、後者の性質を表す言葉として、メジャー映画の良さとマイナー映画の良さを組み合わせた状態を指します。ちなみにこれは、映画業界においても一般的な言葉ではないので、訳知り顔で使用する場合はご注意ください。私は一人でも多くの方に映画を御覧いただきたい監督なので、分かりやすさや娯楽性をないがしろにはしませんが、そんななかにあっても、お客さんが想像する余地を多く残し、より革新的な表現や、より珍しいテーマを深掘りできるマイナー映画のアドバンテージを、メジャー映画にも積極的に取り入れていきたいと思っています。そのスタイルを指して私が好んで使っている造語が、「マイジャー」というわけです。パッと見は分かりやすく娯楽性の高そうな見え方をさせておきながら、よくよく見るとそこに深いテーマ性を帯びているという、まるで糖衣に包まれた薬のような二重構造の映画を理想としています。

私を含む映画の作り手たちは、実際に映画が上映されているときのお客さんの反応を常に意識しながら映画を作っているわけですが、それと同等かそれ以上に私が気にしているのは、鑑賞後のお客さんの反応、つまり読後感です。そして私が理想とする映画の読後感は、映画の終映後、映画館から一歩足を踏み出したときに、映画館に入る前の自分とは何かが違っている、世界が少し変わったように見えるという感覚です。すなわち、これまでに持ち合わせていなかった新しい視点を、映画の力でお客さんに持っていただけることなのです。それは、身近な誰か、または身近でない誰かに対する視点かもしれないし、物に対する視点、時間や生死などの概念に対する視点、世界の見方に対する視点かもしれません。せっかく入場料を払っていただいて、二時間前後という少なくない時間を預けていただいたのですから、「時間対満足度」が最も高いストーリーテリング方法よろしく、それに見合った体験を提供したいと、いつも考えています。

エピローグ

監督という立場で映画を考察するようになってから今日までの時間は、その根幹にある「物語」という概念が、いかに我々の生活のそこかしこに存在しているかを思い知っていく日々だったと言えます。我々が何げなく手にするものひとつとっても、そこには必ず誰かの物語があり、この本を手に取ったあなたにもまた、そうしたくなった物語があったはずです。生活のそこかしこどころか、人類の歴史を形作ってきたのは虚構（≒物語）の力だったとするユヴァル・ノア・ハラリ氏の説(2)には一定の説得力があるように感じ、おそらく今もなお、物語が歴史を作り続けているのでしょう。そして映画とは、映像と音で物語を伝えていくエンターテイメントおよび芸術に他ならないのです。前述したとおり、我々がいまだもって映画に魅了されるのは、我々のDNAに刻まれた原始の記憶が影響しているのかもと、思わずにはいられません。

私は映画作りの専門家でしかなく、学者ではありません。ここに著した私の考察の数々には科学的根拠がないうえに、「おそらく」や「ほとんど」といった曖昧な表現で煙に巻いておりますので、実質何も言っていないに等しいということにはくれぐれもご留意ください。そうです、私はテーマに答えを出すのではなく、問題を提起する人なのですから。いいえ、まさかそんな。してませんよ、ドヤ顔なんて。

【引用文献】

（1） Gilliam, T.（2017） *The man who killed Donquixote.* Tornasol Films.（テリー・ギリアム〈2018〉『テリー・ギリアムのドン・キホーテ』ショウゲート）

（2） Harari, Y. N.（2015） *Sapiens: A brief history of humankind.* Harper.（柴田裕之翻訳〈2016〉『サピエンス全史（上）文明の構造と人類の幸福』河出書房新社）

■ヤ行

■ラ行

■ワ行

■ナ行

■ハ行

■マ行

■サ行

■タ行

索　引

【第 5 章】
福田怜生（ふくだ　れお）
2016年　学習院大学大学院経営学研究科経営専攻単位取得退学
現　在　亜細亜大学経営学部経営学科専任講師

【第 6 章】
津村将章（つむら　まさゆき）
2014年　東北大学経済学研究科修了
現　在　神奈川大学経営学部国際経営学科准教授，博士（経営学）

【第 7 章】
小泉徳宏（こいずみ　のりひろ）
2003年　慶應義塾大学法学部政治学科卒業
現　在　映画監督，株式会社ロボット映画部所属

■著者紹介（執筆順）

【編者はじめに・第 6 章】
米田英嗣（こめだ　ひでつぐ）
〈編者紹介参照〉

【編者はじめに】
和田裕一（わだ　ゆういち）
〈編者紹介参照〉

【第 1 章】
須永　努（すなが　つとむ）
2006年　早稲田大学大学院商学研究科博士後期課程単位取得退学
現　在　早稲田大学商学学術院商学部教授，博士（商学）

【第 2 章】
松田　憲（まつだ　けん）
2005年　京都大学大学院教育学研究科博士後期課程修了
現　在　北九州市立大学大学院マネジメント研究科教授，博士（教育学）

【第 3 章】
元木康介（もとき　こうすけ）
2018年　東北大学院医学系研究科博士課程修了
現　在　東京大学大学院経済学研究科マネジメント専攻講師，博士（医学）

【第 4 章】
小森めぐみ（こもり　めぐみ）
2013年　一橋大学大学院社会学研究科博士後期課程修了
現　在　東京女子大学現代教養学部心理・コミュニケーション学科准教授，博士（社会学）

■編者紹介

米田英嗣（こめだ　ひでつぐ）

2007年　京都大学大学院教育学研究科博士課程修了

現　在　青山学院大学教育人間科学部教育学科教授，博士（教育学）

主編著書　『発達科学ハンドブック８　脳の発達科学』（共編著）新曜社 2015年

和田裕一（わだ　ゆういち）

1999年　東北大学大学院情報科学研究科博士後期課程修了

現　在　東北大学情報科学研究科人間社会情報科学専攻准教授，博士（情報科学）

主編著書　『スタンダード感覚知覚心理学』サイエンス社 2014年，『新編 感覚・知覚心理学ハンドブック Part2』誠信書房 2007年（以上 分担執筆）

心理学叢書《しんりがくそうしょ》

消費者《しょうひしゃ》の心理《しんり》をさぐる——人間《にんげん》の認知《にんち》から考《かんが》えるマーケティング

2020年10月10日　第１刷発行
2024年11月25日　第５刷発行

監修者　日本心理学会
編　者　米田英嗣
　　　　和田裕一
発行者　柴田敏樹

発行所　株式会社　誠信書房
〒112-0012 東京都文京区大塚 3-20-6
電話　03-3946-5666
https://www.seishinshobo.co.jp/

印刷／製本　創栄図書印刷㈱

検印省略　　落丁・乱丁本はお取り替えいたします

ISBN978-4-414-31124-2 C1311　　Printed in Japan

心理学叢書

日本心理学会が贈る、面白くてためになる心理学書シリーズ

◉各巻 A5判並製　◉随時刊行予定

大学で心理学を学びたいと思ったときに読む本
心の科学への招待

富田健太・讃井 知 編

これから心理学を学びたい人に向けて、イマドキの「科学としての心理学の姿」を日本心理学会・若手の会のメンバーが解説する。心理学部への進学を希望する高校生はもちろん、その保護者、進路指導の先生など、現在の心理学のリアルを知るために好適な一冊である。

定価(本体1800円+税)　ISBN978-4-414-31128-0

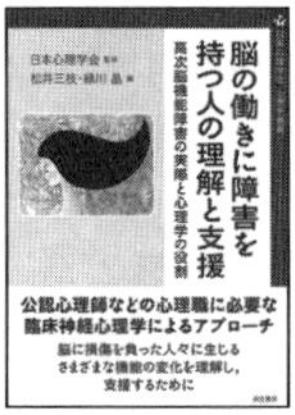

脳の働きに障害を持つ人の理解と支援
高次脳機能障害の実際と心理学の役割

松井三枝・緑川 晶 編

高次脳機能障害と臨床神経心理学についての基礎的な事項をまとめた第Ｉ部と、より応用的・実際的な事項をまとめた第II部から構成されている。高次脳機能障害についての理解を深めることができる本書は、心理学の立場から何ができるのか、あるいは心理学に何が求められているのかを考えていくうえで必読の書である。

定価(本体2600円+税)　ISBN978-4-414-31127-3

思いやりはどこから来るの？
──利他性の心理と行動
髙木 修・竹村和久 編
定価(本体2000円+税)

なつかしさの心理学
──思い出と感情
楠見 孝 編
定価(本体1700円+税)

無縁社会のゆくえ
──人々の絆はなぜなくなるの？
髙木 修・竹村和久 編
定価(本体2000円+税)

本当のかしこさとは何か
──感情知性(EI)を育む心理学
箱田裕司・遠藤利彦 編
定価(本体2000円+税)

高校生のための心理学講座
──こころの不思議を解き明かそう
内田伸子・板倉昭二 編
定価(本体1800円+税)

地域と職場で支える被災地支援
──心理学にできること
安藤清志・松井 豊 編
定価(本体1700円+税)

震災後の親子を支える
──家族の心を守るために
安藤清志・松井 豊 編
定価(本体1700円+税)

超高齢社会を生きる
──老いに寄り添う心理学
長田久雄・箱田裕司 編
定価(本体1900円+税)

心理学の神話をめぐって
──信じる心と見抜く心
邑本俊亮・池田まさみ 編
定価(本体1800円+税)

病気のひとのこころ
──医療のなかでの心理学
松井三枝・井村 修 編
定価(本体2000円+税)

心理学って何だろうか？
──四千人の調査から見える期待と現実
楠見 孝 編
定価(本体2000円+税)

紛争と和解を考える
──集団の心理と行動
大渕憲一 編
定価(本体2400円+税)

アニメーションの心理学
横田正夫 編
定価(本体2400円+税)

消費者の心理をさぐる
──人間の認知から考えるマーケティング
米田英嗣・和田裕一 編
定価(本体1900円+税)

認知症に心理学ができること
──医療とケアを向上させるために
岩原昭彦・松井三枝・平井 啓 編
定価(本体1900円+税)

医療の質・安全を支える心理学
──認知心理学からのアプローチ
原田悦子 編
定価(本体1900円+税)